INQUIETOS POR NATUREZA

João Kepler

Organizador

Adriana Tavares · Alysson Costa · Amanda S. Rangel · Asshaias Felippe
Ben-Geder Trindade · Brunna Duarte · Claudio Santos · Daniel Pereira
Edson Mackeenzy · Fernando Moulin · Fernando Sapata · Hebert Bouzon
Iraci Bohrer · José Eduardo Rocha · Karin Campos · Magali Amorim
Marcos Alexandre · Mary Elbe Queiroz · Monique Stony · Murilo Moreno
Natalia Archanjo · Rachel Lino · Ricardo Costa Vieira da Silva · Theo Braga
Theunis Marinho · Thiago Silva · Thiago Volpi · Vanessa Sens

INQUIETOS POR NATUREZA

O sucesso é o resultado da dedicação incessante

Diretora
Rosely Boschini

Gerente Editorial Sênior
Rosângela de Araújo Pinheiro Barbosa

Editora Júnior
Rafaella Carrilho

Produção Gráfica
Fábio Esteves

Edição de Conteúdo
Franciane Batagin Ribeiro | FBatagin Editorial

Coordenação Editorial
Cavalo-Marinho Estúdio Criativo

Preparação
Carolina Rocha | Cavalo-Marinho Estúdio Criativo

Assistência editorial
Ivan Nery Cardoso | Cavalo-Marinho Estúdio Criativo

Capa
Bruno Miranda | Cavalo-Marinho Estúdio Criativo

Projeto Gráfico e Diagramação
Gisele Baptista de Oliveira

Revisão
Daniela Franco

Impressão
Rettec

Rua Natingui, 379 – Vila Madalena
São Paulo, SP – CEP 05443-000
Telefone: (11) 3670-2500
Site: www.editoragente.com.br
E-mail: gente@editoragente.com.br

Dados Internacionais de Catalogação na Publicação (CIP)
Angélica Ilacqua CRB-8/7057

Inquietos por natureza : o sucesso é o resultado da dedicação incessante / organizado por João Kepler. - São Paulo : Gente Autoridade, 2023.
224 p.

ISBN 978-65-88523-89-6

1. Desenvolvimento profissional I. Kepler, João

23-5608   CDD 658.3

Índices para catálogo sistemático:
1. Desenvolvimento profissional

Nota da
Publisher

As revoluções não acontecem do dia para a noite. Elas dependem daqueles que estão dispostos a enxergar as coisas de uma maneira única, que não se calam e não param até resolver o que não estava dando certo. E, graças às revoluções, a humanidade consegue se desprender de modelos ultrapassados e avançar em direção à realização do seu verdadeiro potencial.

Estamos vivendo um momento de grandes mudanças. Novas tecnologias, mudanças nos sistemas de trabalho e nas formas de comunicação estão nos abrindo caminhos para futuros brilhantes. Mas, para que isso aconteça, precisamos dos inquietos por natureza, dos protagonistas que não se calam, não se acomodam e fazem acontecer.

E é por isso, querido leitor, que estou muito feliz que você esteja com esta obra em mãos. Ela foi organizada por João Kepler, uma das maiores referências que temos no Brasil sobre empreendedorismo, investimentos e negócios escaláveis, e, principalmente, é uma inspiração para mim e todos que são impactados por seu conhecimento e sua generosidade. Esta obra reuniu autores que lideram e inspiram milhares de pessoas. E essas mentes inquietas nos trouxeram um pouco das suas visões de mundo, do que significa ser um inquieto por natureza e do que os move em direção a uma constante evolução. Agora, o mundo poderá conhecer mais essas vozes, começando com você, leitor.

Eu espero que, aqui, você encontre o mesmo que eu encontrei. Reflexões que dispararão novos caminhos de pensamento, práticas que lhe mostrarão uma nova forma de abordar os bloqueios no seu caminho e inspirações que o impulsionarão a ultrapassar as barreiras que têm lhe desafiado. E eu espero que você aproveite cada capítulo deste livro e coloque esse conhecimento em prática, como um verdadeiro inquieto!

ROSELY BOSCHINI
CEO e Publisher da Editora Gente

Sumário

PARA SABER MAIS SOBRE O AUTOR:

@joaokepler

/joaokepler

www.joaokepler.com.br

#empreendedorismo
#inovação
#transformação

Apresentação

Talvez seja uma surpresa, mas a minha jornada como escritor começou com um capítulo em uma obra coletiva. Foi um passo enorme! Lembro-me de quão desafiador foi trazer tudo o que gostaria em um capítulo que precisava traduzir a minha metodologia e transformar a vida do leitor. Cada palavra escolhida com atenção e cuidado para que quem estivesse do outro lado pudesse, efetivamente, viver a mudança que eu esperava. Foi um marco! Depois disso, muitos outros livros vieram. Projetos incríveis em que pude desenvolver – e apresentar – ainda mais conteúdo. *Best-sellers* e *long-sellers* dos quais tenho muito orgulho. Mas a verdade é que tudo começou com um capítulo. E por isso sei quão importante esta obra é.

Quando nos reunimos para pensar neste livro, surgiu a ideia de criar uma coletânea de mentes inquietas, repletas de experiência e sabedoria. Afinal, cada autor separadamente tem muita expertise e conhecimento em suas respectivas áreas. Então por que deixar esse conteúdo de tanto valor guardado se podemos compilar tudo em um livro? Não fazia sentido. Era hora de organizar e publicar. Assim, vejo que ter uma obra coletiva é uma ótima oportunidade de conseguir condensar e trazer a essência do que é importante a partir de cada nicho. Cada autor aqui tem uma visão única, um método, um conjunto de insights e ferramentas que, quando compartilhadas, se tornam fonte poderosa de sabedoria e de motor de transformação.

O nosso objetivo, portanto, foi trazer um guia prático que pudesse ser aplicado imediatamente na sua vida e em seus negócios. Pensando sobre isso, por acreditar firmemente que as empresas são conduzidas por pessoas, vejo que, antes de qualquer CNPJ, existe um CPF. Alguém que precisa ser transformado para que possa levar essa transformação para dentro da empresa, para a sua equipe, para os seus gestores e impactará, assim, toda a cadeia em que está inserido. Se mudamos a mentalidade desse empreendedor, mudamos a sua vida, depois mudamos o seu negócio, o que gera, por outro lado, uma transformação em sua vida que agora prospera. Essa é a lógica por trás das mentes inquietas por natureza!

Nossa proposta é fazer um convite para que você possa se apaixonar pelo processo de transformação. E cada autor foi selecionado com muito cuidado para que pudesse contribuir com as suas experiências nas mais variadas áreas: empreendedorismo, gestão, liderança, inovação, vendas, recursos humanos, processo seletivo e desenvolvimento pessoal e profissional. Aqui você aprenderá como ter mais comunicação em seu negócio, como a inovação pode ser fonte de disrupção, quais são as soluções criativas que pode implementar, qual é a importância de um assessor executivo, como trazer mais diversidade para a sua equipe, como cuidar da sua saúde para ter mais performance no negócio, como superar crenças que podem estar impedindo o seu CPF de elevar o seu CNPJ, como ter vendas com resultados extraordinários e muito mais.

Então prepare-se! Prepare-se para uma viagem que ocorrerá entre capítulos poderosos ao lado de especialistas preparados para mudar a sua visão sobre cada área. O que você segura em suas mãos é mais do que um livro, é um convite para desafiar os seus limites e trilhar um caminho de evolução. É um convite para ser um *inquieto por natureza*.

A transformação começa aqui, agora e com você. Espero que essa jornada seja a catalisadora que inspira você a alcançar novos patamares de sucesso em seus negócios e em sua vida!

Boa leitura,

JOÃO KEPLER

João Kepler é escritor, investidor-anjo, conferencista, apresentador do Programa PIVOTANDO na TV SBT News, podcaster, pai de empreendedores e especialista na relação empreendedor-investidor, tendo sido premiado por quatro vezes como o melhor investidor-anjo do Brasil pelo Startup Awards e finalista TOP #3 do Prêmio iBest como melhor Influenciador de Economia e Negócios do Brasil.

Ele também é Chief Visionary Officer (CVO) da Bossa Invest, que já realizou mais de 1.700 investimentos em startups nos últimos anos, além de participar como conselheiro em várias empresas e entidades e estar conectado com o que há de mais inovador no mundo dos negócios.

Kepler é autor de oito livros, entre eles *Smart money*; *Os segredos da gestão ágil por trás das empresas valiosas*; *Se vira, moleque!*, *O poder do equity* e *Inevitável*, todos pela Gente.

Preparamos um ambiente especial e on-line para que você possa testar o que aprendeu nesta apresentação. Acesse o link a seguir e mergulhe em uma gamificação exclusiva dos inquietos por natureza.

http://bit.ly/inquietos00

EMPREENDEDORISMO

01

CONFIE, PERSISTA e CONQUISTE

São cofundadoras do Do It Girls (DIG CLUB), escola de negócios e espaço de conexão que já impactou mais de 40 mil mulheres:

Adriana é formada em direito, cursou MBA em gestão na FDC e participa do G4 Club, programa de imersão em negócios destinado a gestores C-Level. É especialista em negociação pela Harvard Business School. Há mais de dez anos é diretora na empresa de sua família, a Altura Andaimes.

Mãe do Lucca e do Gael, **Brunna** se formou em comunicação pela PUC-MG. Além disso é pós-graduada em administração de empresas pela Fundação Getulio Vargas (FGV) e especialista em marketing pela Intrax School de San Diego, California.

E **Natalia** é advogada por formação, possui MBA em negócios pela FDC e participou de imersões no Vale do Silício. É integrante do Do It Now, um dos maiores eventos de gestão empresarial de MG.

PARA SABER MAIS SOBRE AS AUTORAS:

@doitgirlsclub

@a.adrianatavares

@brunna_duarte

@nataliaarchanjo

#mulheresempreendedoras
#empreendedorismofeminino
#sucessofeminino

ADRIANA TAVARES
BRUNNA DUARTE
NATALIA ARCHANJO
DO IT GIRLS

©Victor Ataíde.

Se você está lendo este capítulo, seja mulher ou homem, saiba que temos assuntos muito importantes para trazer durante as próximas páginas. Vivemos em um mundo em que mulheres precisam se provar o tempo inteiro, e discutir o empreendedorismo feminino é não só urgente, mas benéfico para todos. Ao apoiar e compreender os desafios enfrentados pelas empreendedoras, os homens também ganham, afinal uma sociedade com igualdade de oportunidades nos negócios é mais próspera, inovadora e equilibrada. Nesse contexto, você sabia que o Brasil tem, hoje, 30 milhões de empreendedores e, desse total, apenas 34,4% são mulheres?[1]

São 10,3 milhões de empreendedoras brasileiras e destas apenas 13% empregam colaboradores.[2] Apesar de esse número ter crescido 30% entre 2022 e 2023, saindo de 1,070 para 1,393 milhão de empresas empregadoras, ainda percebemos que, além de serem minoria na constituição de empresas, as mulheres enfrentam mais dificuldades para crescer seus negócios e gerar empregos.[3] Esses dados podem ser explicados por diversos fatores, porém, alguns estudos indicam que as empreendedoras são consideravelmente mais avessas ao risco do que os homens. Você já pensou sobre isso?

Veja só este exemplo: empreendedoras solicitam menos financiamentos bancários do que seus colegas do sexo masculino, apesar de apresentarem um histórico maior de adimplência. Elas também pagam juros maiores que os deles: segundo pesquisa do Sebrae, os homens pagam 31,1% de juros ao ano, enquanto as mulheres pagam 34,6%.[4] Sabemos que o crescimento de uma empresa passa pela obtenção de crédito e, uma vez que as mulheres não usam esse recurso, seja por questões culturais, seja por não estarem familiarizadas com as instituições financeiras, o fato é que a falta de acesso a crédito atrasa o avanço feminino no empreendedorismo.

A grande maioria das mulheres que empreendem começaram seus negócios por necessidade: ou porque o mercado corporativo não as absorveu ou por buscarem maior flexibilidade para conciliar trabalho e cuidados domésticos e com filhos. Para você entender o que queremos dizer aqui, o número de horas que as mulheres da América Latina dedicam diariamente a tarefas ligadas à casa e aos cuidados com a família é três vezes maior

---

1 SEBRAE. **Empreendedorismo feminino:** informações sobre as mulheres empreendedoras do Brasil. Disponível em: https://datasebrae.com.br/empreendedorismofeminino/. Acesso em: set. 2023.

2 Ibidem.

3 Op. cit.

4 SEBRAE. **Boletins de mercado:** empreendedorismo feminino 2023. Disponível em: https://datasebrae. com.br/data/docs/datasebrae-para/Boletins-de-mercado-2023/Empreendedorismo-Feminino-2023-SEBRAE-PA.pdf. Acesso em: set. 2023.

do que as dedicadas pelos homens. No Brasil, somando as horas investidas em atividades remuneradas e não remuneradas, os homens trabalham cerca de 49,7 horas por semana enquanto as mulheres aproximadamente 53,3 horas.[5]

Apesar de tudo isso, o empreendedorismo se mostra uma porta para a independência financeira feminina e, portanto, a conquista do poder de escolha das mulheres. Este é justamente o principal fator de encorajamento para 40% das brasileiras que querem empreender, segundo uma pesquisa inédita da Serasa Experian. O segundo motivo para elas (29%) é a flexibilidade de tempo, seguido por fazer o que acreditam (24%), ter renda complementar (21%) e ganhar mais (20%).[6]

Quando uma mulher obtém renda suficiente para ter independência, essa autonomia permite que ela possa sair com mais facilidade de um relacionamento abusivo, por exemplo. Dá a ela condições de proporcionar uma vida melhor para os seus filhos, ajudar a comunidade ao seu redor e transformar a sociedade no sentido da igualdade de gênero. Se tivermos mais mulheres empreendendo e ganhando dinheiro, ativaremos positivamente a economia. Para nós é claro que este caminho fará aumentar o PIB do país, a geração de empregos e a possibilidade de deixarmos um legado para as próximas gerações de que **lugar de mulher é onde ela quiser**.

Mas antes de avaliarmos quais são os passos que podem auxiliar as mulheres a empreenderem com mais assertividade, vale a pena analisar os motivos pelos quais as mulheres ainda não têm os mesmos resultados no empreendedorimo que os homens. Nossos estudos e a experiência prática do DIG mostram que são duas as principais situações. A primeira está relacionada ao fato de as mulheres não acreditarem em si mesmas e não terem autoconfiança. Nascemos em uma sociedade que ainda hoje estigmatiza as mulheres e prega padrões e expectativas que as fazem sentir que não são e nunca serão boas o suficiente. Assim, todas nós em muitos momentos somos tomadas pela síndrome da impostora. A visão tradicional sobre o mercado de trabalho diz que não é possível chegar ao topo da carreira e ainda conciliar o cuidado com a família, os filhos e a vida profissional sem se sentir culpada por não conseguir executar tudo com perfeição. E aqui já fica o primeiro recado: **realmente não é possível ser perfeita em tudo a todo momento**.

Já a segunda situação é a sobrecarga mental e física sobre as mulheres. Um relatório divulgado pela consultoria McKinsey em setembro de 2021 nos Estados Unidos mostrou que 42% das mulheres se sentem esgotadas

5 Ibidem 4. Disponível em: https://datasebrae.com.br/data/docs/datasebrae-para/Boletins-de-mercado-2023/Empreendedorismo-Feminino-2023-SEBRAE-PA.pdf. Acesso em: set. 2023.

6 Op. cit. Idem 5.

frequentemente ou quase sempre.[7] Sabemos que há machismo e muitas mulheres acreditam que precisam se "masculinizar" para serem reconhecidas. Em outras palavras, precisam fazer o dobro, superar expectativas e atender demandas de todos os lados. É desgastante. Além disso, como vimos, elas têm mais atividades domésticas, o que se agrava para aquelas que são mães.

O medo de falhar somado à dupla jornada feminina intensificam a pressão para que as mulheres provem seu valor. A exaustão para cumprir tantos papéis, a falta de tempo para o desenvolvimento pessoal, as elevadas expectativas sociais, o sentimento de isolamento, a desvalorização do trabalho doméstico, a falta de reconhecimento e o conflito entre os papéis profissional e doméstico são fatores que podem minar a autoconfiança das mulheres. Por isso, apoiar políticas de trabalho flexíveis e reconhecimento sem discriminação de gênero é fundamental para mitigarmos esses sentimentos.

Temos um longo percurso a trilhar. Por mais que tenhamos avançado na discussão sobre a equidade de gênero e a importância da redução das desigualdades, ainda temos muito a percorrer. Historicamente, as mulheres ainda são incentivadas a serem sempre discretas, submissas e nunca agressivas. Romper com os padrões é difícil, exige ressignificar muitos aprendizados enraizados, porém, sem fazer esse trabalho, é comum nos depararmos com mulheres que relutam em se destacar ou reconhecer as próprias realizações.

Mulheres independentes mudam a sociedade

Ter liberdade de escolha está diretamente relacionada à sua independência financeira. Essa independência é fundamental para que possamos contribuir com todas as mulheres e dar a elas maior autonomia em suas vidas. Quando elas têm a sua própria fonte de renda e o controle sobre os seus recursos financeiros, elas são capazes de:

1. Tomar decisões autônomas

Ter independência financeira permite que as mulheres tomem decisões sobre a própria vida, seja em relação à carreira, educação, saúde, família, aos filhos ou a qualquer outro aspecto que seja importante para elas.

2. Sair de relações abusivas

A independência financeira pode oferecer às mulheres a capacidade de sair de relações abusivas ou tóxicas, já que não dependem financeiramente de outra pessoa e são capazes de ir e vir por conta própria.

7 BRANDALISE, C. Burnout: 7 em 10 brasileiras se dizem afetadas com sobrecarga de trabalho. IPUSP, 06 dez. 2021. Disponível em: https://www.ip.usp.br/site/noticia/burnout-7-em-10-brasileiras-se-dizem-afetadas-com-sobrecarga-de-trabalho/. Acesso em: set. 2023.

3. Investir em sua educação e desenvolvimento pessoal

Ter recursos próprios permite que as mulheres busquem mais educação, treinamento ou desenvolvimento pessoal.

4. Ter proteção contra vulnerabilidades

A independência financeira pode oferecer uma rede de segurança contra imprevistos, como doenças, desastres ou perda de emprego.

5. Desenvolver maior poder de negociação em relações pessoais e profissionais

Quando as mulheres têm independência financeira, elas têm uma posição mais forte para negociar termos favoráveis para que as relações pessoais ou profissionais tenham dinâmicas justas e respeitosas.

6. Participar ativamente da economia e da sociedade

As mulheres economicamente independentes têm maior capacidade de influenciar decisões políticas, sociais e econômicas, e a diversidade de opiniões nesses setores são de extrema importância para os nossos avanços como sociedade.

Percebe como dar o poder às mulheres faz com que o cenário mude completamente? A sociedade se transforma!

Como as mulheres ultrapassam os limites da sociedade atual

Para que cada vez mais mulheres sejam bem-sucedidas profissionalmente e ultrapassem os limites patriarcais e machistas que ainda encontramos na sociedade atual, é preciso agir com determinação, estratégia e buscar apoio. Além disso, há dois passos importantíssimos e prioritários para que você faça parte da mudança que se faz tão necessária:

1. Desenvolvimento pessoal e profissional

Educação e aprendizado contínuo

Invista em sua educação formal e busque oportunidades para aprendizado contínuo. Isso não apenas amplia seu conhecimento, mas também aumenta a sua confiança e a habilidade em lidar com situações desafiadoras. Ter um bom repertório é decisivo para o sucesso em processos de negociação.

Networking

Estabeleça conexões profissionais. Junte-se a grupos, comunidades e redes de mulheres para compartilhar experiências e obter suporte. Ter uma rede de contatos abrirá portas e proporcionará novas oportunidades de negócio. Você já conhece a conexão que vai levar você para o próximo nível? Pense nisso!

Aprimore habilidades de comunicação

A capacidade de comunicar eficazmente as suas ideias, estabelecer limites e negociar são essenciais. Invista em treinamentos e cursos de oratória. Sempre que possível, escute menos e fale mais.

Resiliência e adaptabilidade

É preciso desenvolver a habilidade de se adaptar a situações desafiadoras, e continuar a avançar, mesmo diante da adversidade.

2. Autoconhecimento e autocuidado

Reconhecimento do valor próprio

Reflita regularmente sobre as suas realizações e sucessos. Mantenha um registro de seus feitos e use-o como um lembrete de seu valor e sua competência.

Estabeleça limites claros

Aprenda a dizer "não" quando necessário. Estabelecer limites ajuda a manter a sua saúde mental e física, além de demonstrar respeito por si mesma.

Procure apoio terapêutico

Ter um espaço seguro para discutir experiências e sentimentos é muito benéfico. Um terapeuta ou conselheiro pode oferecer ferramentas e estratégias para você lidar com situações específicas.

Práticas de bem-estar

Adote hábitos que promovam o seu bem-estar, como meditação, exercícios físicos, leitura e hobbies. Coloque uma música que você goste, cante e extravase quando achar necessário. Cuidar de si mesma é fundamental para enfrentar os desafios com clareza e energia.

Decida começar. Depois, decida continuar

Agora que você já sabe os passos, queremos contar a história do Do It Girls (DIG Club).

O ano era 2019. Estávamos voltando do almoço no Restaurante Dorsé, na rua Sapucaí em Belo Horizonte, para o segundo tempo do evento Do It Now – maior evento de gestão de Minas Gerais – e eu, Brunna Duarte, dizendo para minhas futuras sócias Adriana Tavares e Natalia Archanjo: "Mulheres precisam falar sobre negócios".

Nós somos engolidas por outros assuntos, como maternidade, relacionamento, família, filhos, moda e acabamos não conversando sobre carreira, trabalho, dinheiro, ambição etc. Além do tempo que nos falta para discutirmos sobre isso, ainda há um senso comum que insiste em nos colocar em um lugar menor, em que esses temas não cabem. Se queremos ser bem-sucedidas profissionalmente, precisamos competir menos, colaborar mais, debater esses assuntos com outras mulheres e termos um lugar seguro para fazer isso. E já que esse local não existia, nós decidimos criá-lo.

Naquele momento nasceu, de maneira muito despretensiosa, o Do It Girls, com dois pilares bem estabelecidos: **conhecimento** e **networking**. Combinamos que cada uma de nós convidaria mais três amigas e fizemos acontecer o nosso encontro de mulheres para falar de negócios e carreira. Estávamos esperando, portanto, algo em torno de doze pessoas, mas apareceram trinta. Não sabemos de onde essas mulheres surgiram, mas constatamos que mais gente estava interessada nos mesmos assuntos que nós.

O primeiro encontro foi um sucesso, no segundo já tínhamos setenta mulheres, no terceiro, cem e percebemos que o universo feminino já esperava por nós. Havia ali uma comunidade, que ainda não se conhecia, mas que já tinha os mesmos desejos e ambições. Passamos por uma pandemia, em que tivemos que recalcular a rota, pois o cerne do projeto estava nos encontros presenciais. Pensamos em desistir pela carga mental e física a qual as mulheres foram expostas nesse período tão delicado, mas decidimos continuar por amor à causa e por querermos ser um apoio para as mulheres naquele momento. Quando a pandemia deu uma trégua e decidimos que era a hora de arrumar a casa e estruturar o projeto. Criamos nossa esteira de produtos para impactar a vida de mais e mais mulheres, ampliamos o projeto de modo on-line, chegamos em São Paulo e iniciamos um trabalho dentro de empresas para fomentar a liderança feminina.

Portanto, crescemos. Passamos por muitos perrengues e ainda mais alegrias. Em quatro anos muita coisa mudou, eu, Brunna Duarte, me separei, fiz uma transição de carreira, me transformei como pessoa, mas algo permanece intacto: é muito mais sobre trabalho duro do que sobre sorte. No meu caso, trabalho aos fins de semana, de meia-noite às 6h, sempre conciliando com maternidade e outros aspectos da vida. Não é fácil, recebo julgamentos vindos de diversas pessoas simplesmente pelo fato de me desdobrar em várias para conseguir conciliar filhos e trabalho. Ainda hoje, a sociedade não está preparada para uma mulher livre e convicta de suas escolhas.

O DIG Club é um desdobramento muito claro da nossa visão de mundo e, se hoje estamos promovendo a transformação na vida de centenas de mulheres, é porque um dia a gente começou – e em todos os outros a gente escolheu continuar. Sendo assim, queremos que você entenda sobre a importância de se guiar pelos passos que trouxemos neste capítulo. É uma realidade que o ambiente de negócios, muitas vezes dominado por valores patriarcais e machistas, não mudará rapidamente por si só. Então, para que uma mulher não apenas sobreviva, mas também prospere neste cenário, ela precisa ser proativa, reivindicando o seu espaço e se fortalecendo interna e externamente.

Decidir ativamente seguir esses passos significa que ela está assumindo o controle de sua trajetória profissional e pessoal. Ao focar o desenvolvimento pessoal e profissional, está investindo em si mesma, ampliando as suas habilidades e redes de contato. Ao priorizar o autoconhecimento e o autocuidado, ela se mantém mental e emocionalmente equilibrada, o que é vital para enfrentar desafios.

Por isso, nosso conselho para você é: confie em sua capacidade e em seu valor! Reconheça que cada desafio enfrentado é uma oportunidade de crescimento e aprendizado. Você não está sozinha em sua jornada; busque apoio e construa uma rede de aliados. E, acima de tudo, nunca subestime o poder da resiliência e da determinação. O caminho pode ser difícil, mas é por meio dos obstáculos e desafios que você moldará o seu caráter e construirá o seu sucesso. Seja audaciosa e acredite em si mesma!

Então, mulher, seu potencial é imenso e o seu valor inquestionável. Em cada desafio que enfrenta, há uma força que cresce dentro de você. Lembre-se de que as maiores árvores são aquelas que enfrentam os ventos mais fortes, e é assim que elas fortalecem as suas raízes.

Mesmo quando a jornada parecer árdua, saiba que cada passo em frente é uma vitória, uma afirmação do seu poder e determinação. Mantenha a chama da sua paixão acesa, nutra a sua alma com fé em si mesma e persevere. O mundo precisa da sua luz, da sua visão e da sua coragem. Continue avançando e saiba que, em cada amanhecer, você está mais próxima do topo da montanha. E quando chegar lá, olhará para trás e verá que cada obstáculo foi, na verdade, um degrau para sua grandeza. Brilhe, persista e conquiste, porque o mundo é verdadeiramente seu!

Preparamos um ambiente especial e on-line para que você possa testar o que aprendeu neste capítulo. Acesse o link a seguir e mergulhe em uma gamificação exclusiva dos inquietos por natureza.

http://bit.ly/inquietos01

02

NÃO HÁ BARREIRAS PARA O EMPREEN-DEDORISMO

Claudio Santos é empreendedor e CEO da Next Opinion no Brasil e em Portugal nas áreas de tecnologia, negócios e inovação.

A vida tomou um rumo transformador após enfrentar a perda trágica de seu filho, Arthur, aos 9 anos. Foi um ponto de virada que o levou a ressignificar seus propósitos e sua visão de mundo. Com uma carreira dedicada à educação e ao empreendedorismo, bem como uma paixão incansável pelo desenvolvimento humano e social, fundou o Instituto Gestar, em que tem atuado incansavelmente por mais de uma década.

Hoje, a sua missão é capacitar as pessoas a acreditarem firmemente que as oportunidades são acessíveis a todos, independentemente das circunstâncias. Seu foco está em instigar a crença no poder do empreendedorismo como uma ferramenta para mudar vidas, capacitando as pessoas a criarem as próprias oportunidades e superar todas as barreiras em seu caminho.

PARA SABER MAIS SOBRE O AUTOR:

@claudio_saints

#empreendedorismo
#açãoestratégica

© Rhamon Santos

CLAUDIO
SANTOS

A teoria sem ação não produz resultados tangíveis. Ao longo de minha jornada, conheci muitas ideias boas que nunca foram implementadas e, só por esse motivo, não deram em nada; em contraponto, também descobri muitas ideias ruins que, com as devidas melhorias, estão até hoje no mercado. Eu entendi que a inércia produz frustrações profundas e duradouras. Se você é um empreendedor e consegue perceber o quanto há de verdade nisso, entende que os limites que existem em sua vida empreendedora hoje podem ser transpostos. Acredite quando digo que você conseguirá ter uma explosão de oportunidades a partir de tudo o que falaremos aqui neste capítulo. Mas antes de avançarmos, quero contar um pouco sobre os problemas mais comuns que percebo na vida dos empreendedores que tive – e tenho – contato.

Ser empreendedor no Brasil é enfrentar uma quantidade absurda de barreiras, empecilhos e entraves. A partir do momento que você toma a decisão de empreender, parece que tudo e todos a sua volta começam a se opor à ideia. Amigos distantes ou próximos e até mesmo a família deixam de incentivar e, uma vez que o negócio está aberto, é bem provável que essas pessoas não consumam o seu produto e continuem consumindo de outros locais. É como se estivéssemos afrontando algo sagrado na cabeça delas ao decidirmos empreender, e o simples fato de decidir mudar de rota para começar o próprio negócio coloca uma linha imaginária entre as nossas relações.

Na maioria das vezes, a solidão é o maior companheiro de quem está nessa jornada. Acertar ou errar é responsabilidade única e exclusiva do indivíduo que resolveu perseguir uma ideia desacreditada, enquanto as pessoas tendem a dar opiniões enviesadas em seus conceitos de vida e de oportunidades, desmotivando e minando o caminho do empreendedor.

Outros problemas muito comuns são aceitar ou se acomodar em relação às situações que nos acontecem, aceitar obedientemente o que recebemos como destino certo e acreditar que determinadas oportunidades não são para nós. Muitas vezes, nos enxergamos limitados pelo passado, pelo sobrenome, pelo sexo, pela cor da pele, pela classe social, pela geografia ou qualquer outra limitação que possa representar um freio em direção ao empreendedorismo. Se o empreendedor não se enxergar capaz de fabricar as próprias oportunidades, cada passo vem agregado de uma nova dificuldade imposta ou inventada, e até da inaptidão para resolvê-la.

Em resumo, percebo que as pessoas sentem que o mundo parece ter conspirado contra a jornada empreendedora, deixando que a caminhada seja cada vez mais difícil e todas as situações tenham se transformado em fardos. A sobrevivência é o único caminho que parece estar à frente. Entretanto, eu também entendi que para poder olhar por cima do muro, preciso acreditar que consigo escalá-lo.

É preciso romper as limitações

A busca por essa liberdade, que tanto falta nos empreendedores, é uma necessidade urgente e uma condição imprescindível para a sua jornada. Em um cenário marcado por amarras e obstáculos impostos pelas condições socioeconômicas e culturais, a capacidade de inovar e criar está diretamente ligada à habilidade de romper com limitações preexistentes. Essas limitações estão dinamitando, em outra instância, o seu potencial. Essas restrições que você sente em relação à inovação e a sair da caixa estão fazendo com que você pare de experimentar e não consiga fazer a diferença. A busca por soluções disruptivas acaba entrando em um modo de piloto automático e você segue fazendo tudo exatamente da mesma maneira.

Não quebrar essas amarras, portanto, é não se permitir explorar novos horizontes e criar soluções que vão além das fronteiras impostas pelo ambiente em que você está inserido hoje. Muito se fala em adaptação, mas isso não significa que deve se conformar e sufocar a capacidade de pensar de modo audacioso e buscar oportunidades. Países têm fronteiras; o empreendedorismo é sem barreiras.

Nas trocas que tenho com diversos empreendedores brasileiros, eu percebo que há dois sentimentos muito profundos no cotidiano da maioria deles: *frustração* e *autodúvida*.

Frustração é uma companheira constante e ela acontece porque as pessoas até veem oportunidades promissoras, mas são impedidas de agir, muitas vezes, por barreiras financeiras ou burocráticas. É a sensação de estar aprisionado em um ciclo de limitações que pode ser avassalador. Ver a sua visão restringida pelo ambiente leva a uma frustração intensa, que aumenta quanto mais difícil se torna romper essas restrições e conquistar o sucesso que almeja.

Já a autodúvida é como uma sombra persistente na mente do empreendedor, que se questiona se tem o que é necessário para superar os obstáculos impostos pelas condições adversas. A autodúvida ganha força quando enfrentamos críticas e ceticismo de quem está ao nosso lado, minando a confiança que temos em nossas próprias capacidades. A partir de outra visão, é a incerteza sobre ser ou não capaz de romper as amarras sociais e criar algo inovador. A autodúvida costuma estar acompanhada de doses de ansiedade e indecisão que parecem surgir na mesma medida. E sabe por qual motivo tudo isso acontece?

Em minha percepção, são duas grandes causas: **falta de acesso às oportunidades** e **influência das expectativas sociais**. No primeiro caso, vejo que muitos empreendedores enfrentam dificuldades devido à falta de acesso às oportunidades educacionais e econômicas desde o início de suas vidas. Pense sobre sua educação básica: você teve acesso a conteúdo de qualidade que falava sobre empreendedorismo? Muito provavelmente não. Apesar de hoje algumas escolas adotarem essa disciplina, não são conhecimentos que estão disponíveis para a maior parte da população.

Sendo assim, talvez você não tenha tido acesso à educação de qualidade ou a treinamentos especializados que poderiam desenvolver as suas habilidades empreendedoras. E, mais tarde, a falta de recursos financeiros para investir em suas ideias também pode ter sido um grande impedimento em seu processo. Essas barreiras iniciais dificultam que os empreendedores estejam em um cenário favorável e que explora o próprio potencial.

Quando falei sobre influência das expectativas sociais, referia-me à pressão das expectativas sociais e culturais que, muitas vezes, limita as escolhas dos indivíduos. Em suma, as normas estabelecidas podem favorecer caminhos mais tradicionais e estáveis, como carreiras convencionais e modos de vida predefinidos. Isso pode resultar em uma sensação de conformidade, em que os empreendedores se sentem compelidos a seguir um caminho mais seguro em vez de se arriscar em busca de inovação. E essa busca por aprovação social, em muitos momentos, impede que explorem oportunidades que poderiam levá-los a resultados mais gratificantes e impactantes.

Construa o próprio alicerce para seus negócios

Quero compartilhar com você o mesmo passo a passo que aplico em minha vida e que ajudará você a solucionar os problemas que tem hoje e a enxergar o empreendedorismo de uma maneira diferente. A busca por aprendizado contínuo levará você ao sucesso, pois o manterá atualizado com as tendências ao mesmo tempo em que lhe dará ferramentas para tomar decisões informadas e estratégicas. Além disso, será preciso desafiar as convenções, de modo que busque a inovação e a diferenciação nos negócios, evitando a estagnação e a adaptação excessiva às limitações externas. Por fim, é fundamental construir relacionamentos colaborativos e diversos, que estendem o seu leque de perspectivas e conhecimentos disponíveis. Colocar essa solução em prática de modo consistente é fundamental, pois impulsiona a criação de um ambiente empreendedor robusto.

Essas escolhas não só fortalecem a sua capacidade de enfrentar desafios, mas também promovem um senso de apoio e confiança que é essencial para enfrentar os altos e baixos do empreendedorismo. Portanto, é preciso consistência. Principalmente porque aplicar tudo isso é vital para que você possa garantir a superação dos obstáculos em sua vida e construir um alicerce sólido para o sucesso contínuo e sustentável nos negócios. Vamos aos passos!

Passo 1: autoconhecimento e identificação de barreiras

Empreendedores são eternos inquietos por natureza e o primeiro passo é enfrentar as barreiras socioeconômicas e culturais. Para isso, você precisa de autoconhecimento. É essencial entender as próprias crenças limitantes e as barreiras específicas que você enfrenta devido a sua origem socioeconômica ou cultural. Para que possa ter mais consciência de seu estado atual, existem duas aplicações importantes. São elas:

1. *Reflexão profunda*: reserve tempo para refletir sobre as suas experiências, crenças e sentimentos em relação a sua origem e ao momento que vive atualmente;
2. *Identificação de barreiras*: faça uma lista detalhada das barreiras específicas que você acredita estar enfrentando, como falta de recursos financeiros, falta de redes de contatos ou estigma cultural. Com isso tudo finalizado, vamos ao próximo passo.

Passo 2: desenvolvimento de mentalidade de crescimento

A mentalidade de crescimento é crucial para superar as barreiras socioeconômicas e culturais. Ela permite que você veja desafios como oportunidades de aprendizado e crescimento, em vez de obstáculos insuperáveis. Assim como no passo anterior, aqui também quero trazer duas aplicações práticas.

1. *Reestruturação de crenças*: identifique as crenças limitantes que você colocou no passo 1 e comece a desafiá-las. Substitua pensamentos negativos por afirmações positivas e encorajadoras, reforçando a sua capacidade de superar as dificuldades.
2. *Aprendizado a partir dos desafios*: encare cada desafio como uma chance de aprender e crescer. Aplique esse conhecimento adquirido com as barreiras que podem aparecer no futuro.

Passo 3: construção de redes e alianças estratégicas

As redes e alianças estratégicas são vitais para empreendedores que enfrentam barreiras socioeconômicas e culturais. Parcerias bem escolhidas podem proporcionar acesso a recursos, conhecimentos e oportunidades que seriam difíceis de alcançar sozinho. Use também as práticas que deixarei a seguir.

1. *Identificação de potenciais parceiros*: identifique pessoas, organizações e grupos que compartilham interesses ou objetivos semelhantes aos

seus. Procure por mentorias, colaborações ou participação em comunidades que possam enriquecer a sua jornada empreendedora.

2. *Construção de relacionamentos autênticos*: aborde a construção de relacionamentos com autenticidade e humildade. Mostre interesse genuíno pelas histórias e experiências dos outros, buscando criar conexões sólidas e duradouras.

Passo 4: ação estratégica e persistência

A inquietude natural dos empreendedores pode ser direcionada para a criação de planos sólidos, mas torná-los realidade exige ação estratégica para superar barreiras socioeconômicas e culturais, e persistência, para alcançar os objetivos. Para aplicar este passo:

1. *Definição de metas claras*: estabeleça metas específicas e mensuráveis que estejam alinhadas com sua visão empreendedora. Divida essas metas em etapas menores e realizáveis.

2. *Ação disciplinada*: execute consistentemente as tarefas necessárias para alcançar as suas metas. Mesmo diante de dificuldades, mantenha-se comprometido com a ação disciplinada.

3. *Resiliência e adaptabilidade*: esteja preparado para enfrentar contratempos e ajustar a sua abordagem conforme necessário. A inquietude natural pode ser uma força motriz para encontrar soluções criativas em momentos desafiadores.

Agora que você já tem os passos necessários para avançar, quero contar sobre como apliquei esses itens em minha vida e qual diferença tudo isso fez em meus negócios.

Sempre tive uma mente empreendedora inquieta e enfrentei todas as barreiras possíveis para que pudesse crescer e avançar. Cresci em uma cidade com recursos limitados e tinha o desejo ardente de criar um negócio que mudasse o meu destino e o de outras pessoas. Na época, é claro, não tinha noção nenhuma de que o que eu estava fazendo era um método, entretanto hoje posso falar que a abertura da nossa empresa em Portugal seguiu exatamente os passos que comentei. Quer ver como?

Passo 1: autoconhecimento e identificação de barreiras

No meio em que vivíamos, senti que muitos acreditavam que o sucesso empresarial estava fora do alcance devido à falta de recursos e apoio no Brasil. Então imagine só abrir um negócio na Europa?! Deparei-me com a barreira da falta de acesso a uma rede de contatos sólidos, que é frequentemente essencial para novos negócios. Ao tomar consciência dos obstáculos, passei a analisar o que era realmente barreira ou simplesmente uma crença que estava emaranhada em mim. Em outras palavras, usei o autoconhecimento para identificar as barreiras e mudar a minha mentalidade.

Passo 2: desenvolvimento de mentalidade de crescimento

Com uma nova perspectiva em mente, passei a desafiar minhas crenças limitantes. Comecei a participar de eventos e feiras e conheci outras pessoas que também enfrentavam desafios semelhantes ou já tinham conseguido chegar aonde eu queria chegar. Ao ouvir histórias, estratégias e observar o que os outros faziam, passei a acreditar que poderia superar as barreiras com o conhecimento que adquiri ao longo da minha vida, as conexões que conquistei e a perseverança que sempre possuí.

Passo 3: construção de redes e alianças estratégicas

Passei a construir relacionamentos com outros empreendedores locais, gestores de parques tecnológicos, empresários e profissionais das mais diversas áreas que viviam nesse ecossistema, trocando ideias e experiências. Privilegiei também grupos internacionais de negócios, nos quais conheci mentores dispostos a compartilhar conselhos valiosos.

Passo 4: ação estratégica e persistência

Com uma ideia oxigenada e rede de apoio solidária, defini uma meta: abrir uma empresa no parque tecnológico de Óbidos e fortalecer os nossos projetos de tecnologia educacional. Criei um plano detalhado, fiz o meu próprio financiamento e comecei a implementar as ideias. Embora tenha enfrentado desafios ao longo do caminho, minha inquietação me impulsionou a buscar soluções criativas e persistir.

Em resumo, o meu negócio cresceu com o tempo, desenvolvendo projetos de base tecnológica e gerando muitos empregos, impactando centenas de vidas. Com isso, quero mostrar que você pode aplicar o método em seu negócio e tenho certeza de que será transformador. Quando combinamos a inquietação com um plano protegido, temos o potencial de gerar resultados extraordinários.

Sendo assim, quero finalizar o capítulo falando que você não deve deixar que os desafios tirem a sua motivação. Não aceite limites ou "desígnios", pois seu destino e seus sonhos são seus e de mais ninguém. Comprometa-se com a consistência na execução, mantenha-se flexível para adaptar-se às mudanças e aprenda continuamente com suas experiências.

Lembre-se de que as maiores conquistas vêm da coragem de enfrentar desafios aparentemente intransponíveis. **Cada passo que você dá em direção aos seus objetivos é uma vitória e as barreiras são oportunidades disfarçadas de crescimento**. Então mantenha sua visão clara, sua determinação firme e saiba que cada ação que você toma aproxima você do sucesso que busca. Você tem dentro de si o poder de transformar sonhos em realidade. Continue avançando, aprendendo e aplicando, pois a jornada é tão valiosa quanto o destino que ela o leva a alcançar.

Preparamos um ambiente especial e on-line para que você possa testar o que aprendeu neste capítulo. Acesse o link a seguir e mergulhe em uma gamificação exclusiva dos inquietos por natureza.

http://bit.ly/inquietos02

GESTÃO

03

O FUTURO DO BRASIL É UM SONHO POSSÍVEL: COMO TER MELHORES PROJETOS DE INFRAESTRUTURA NO PAÍS

Ricardo Costa Vieira da Silva é especialista em concessões e parcerias público-privadas pela Harvard Kennedy School, é mestre em administração pelo COPPEAD com extensão pela UCLA nos Estados Unidos. Engenheiro pela Unicamp, foi diretor geral do Toastmasters no Brasil. É certificado em gestão de projetos (PMP) pelo PMI e CP3P nível profissional pela APMG International. Foi instrutor do CP3P nível foundation no Brasil.

Atua no setor de infraestrutura desde 2010, tendo passado pela Estruturadora Brasileira de Projetos, Prefeitura do Rio de Janeiro e atuado como consultor de projetos para governos e empresas. Estruturou mais de 50 projetos de concessões nas áreas de educação, saúde, saneamento, resíduos sólidos, iluminação pública, mobilidade urbana e infraestrutura esportiva. Nos últimos quatro anos, vem atuando como especialista sênior no Banco Interamericano de Desenvolvimento (BID) em projetos de infraestrutura com prefeituras e estados. É pai de menina.

RICARDO COSTA VIEIRA DA SILVA

nfelizmente, projetos costumam falhar. E não apenas falhar de maneira superficial, com a possibilidade de ajustes, mas, sim, falhar miseravelmente. E pela minha experiência, percebo que esse problema é ainda mais acentuado na área de infraestrutura dada a maior complexidade para sua implementação e a quantidade de *stakeholders* envolvidos. Talvez possa parecer um tanto "duro" começar trazendo uma constatação tão direta no início deste capítulo, mas acredito ser primordial deixar aqui, neste primeiro momento, a urgência do assunto sobre o qual falaremos a partir de agora.

Todos os dias somos bombardeados de notícias desanimadoras que retratam a precariedade da infraestrutura brasileira. Notícias como: "Saneamento básico: 100 milhões de pessoas não têm rede de esgoto e falta água potável para 35 milhões."[8] "Hospitais federais do Rio têm 455 leitos fechados e reduz internações em 18%."[9] "MEC tem 8,9 mil obras abandonadas pelo país e pode perder R$ 1,1 bilhão."[10]

Faltam serviços públicos adequados, muitos dos que existem possuem baixa qualidade e a quantidade de obras paradas é enorme. Pior ainda: conseguimos perceber a ausência completa de serviços públicos essenciais, tais como saneamento básico, educação e saúde. São situações que causam indignação e, muitas vezes, nos levam a crer que governos e servidores públicos não fazem o trabalho que lhes foi designado. Se você, assim como eu, fica indignado de ver esse cenário caótico e desmotivador, saiba que não estamos sozinhos.

Apesar de o senso comum nos levar a crer que inexistam gestores públicos que realmente buscam mudar essa situação, pude constatar, trabalhando há mais de dez anos nesse setor, que há cidades e estados nos quais essa situação é revertida. Nesses estados e cidades floresce uma profícua parceria entre governos e iniciativa privada na criação de soluções de infraestrutura para a população. O comportamento empreendedor dos agentes públicos, a técnica e a formação específica em projetos de concessões e parcerias público-privadas representam também um componente chave para o sucesso dessas iniciativas. Parece inacreditável, mas é a realidade!

A infraestrutura de um país tem papel fundamental no desenvolvimento econômico, seja enquanto insumo no processo produtivo, seja como suporte ao consumo de serviços essenciais à produtividade dos indivíduos e bem-estar

8 SANEAMENTO básico: 100 milhões de pessoas não têm rede de esgoto e falta água potável para 35 milhões. **Jornal Nacional**, 20 mar. 2023. Disponível em: https://g1.globo.com/jornal-nacional/noticia/2023/03/20/saneamento-basico-100-milhoes-de-pessoas-nao-tem-rede-de-esgoto-e-falta-agua-potavel-para-35-milhoes.ghtml. Acesso em: ago. 2023.

9 GALDO, R.; MARQUES, J. Hospitais federais do Rio têm 455 leitos fechados e reduz internações em 18%. **O Globo**, Rio de Janeiro, 2 dez. 2022. Disponível em: https://oglobo.globo.com/rio/noticia/2022/12/hospitais-federais-do-rio-tem-455-leitos-fechados-e-reduz-internacoes-em-18percent.ghtml. Acesso em: ago. 2023.

10 REZENDE, C.; SALDAÑA, P. MEC tem 89 mil obras abandonadas pelo país e pode perder R$ 1,1 bilhão. **Folha de S.Paulo**, São Paulo, 28 fev. 2021. Disponível em: https://www1.folha.uol.com.br/educacao/2021/02/mec-tem-89-mil-obras-abandonadas-pelo-pais-e-pode-perder-r-11-bilhao.shtml. Acesso em: ago. 2023.

da população. E se formos falar em termos históricos, a partir do início da década de 1990, no Brasil ganhou força a participação privada na infraestrutura, inicialmente com as privatizações, seguido de concessões e parcerias público-privadas, também chamadas de PPPs.

Importante ressaltar que, caso você esteja em dúvida sobre o que isso efetivamente significa, explico melhor agora: na privatização, os ativos públicos são vendidos para empresas privadas para que prestem um serviço público de modo definitivo, enquanto nas concessões e PPPs os contratos são por tempo determinando, após o término do período os ativos públicos são revertidos para o Estado.

Nas concessões e PPPs, com incentivos adequados, empresas privadas oferecem serviços de maior qualidade para a população pois realizam uma gestão melhor dos ativos, visando alcançar os padrões de qualidade estabelecidos em contrato sem abrir mão da rentabilidade que os ativos podem gerar. Em termos de números e dados importantes, de acordo com o Ministério da Fazenda, os investimentos em infraestrutura caíram de 2,9% do PIB em 2012 para 1,3% do PIB em 2019, valor menor do que os 2,1% investidos em média nos últimos vinte e cinco anos. Segundo o órgão, seria necessário investir no mínimo 2,9% do PIB em infraestrutura na próxima década para mantê-la funcional.[11] Assim, a participação privada torna-se fundamental para sustentar e elevar os níveis de investimento em infraestrutura no Brasil nos próximos anos.

Se você, caro leitor, é um empreendedor público na infraestrutura, é bem provável que já tenha se frustrado em situações como ter sua iniciativa engavetada, depois de trabalhar anos em um projeto. Talvez você tenha visto com muita descrença a possibilidade de contribuir para mudar o statu quo da infraestrutura em sua cidade ou seu estado mesmo com a eleição de um governante que pareceu priorizar essa agenda. E por possuírem um longo ciclo de estruturação, nem sempre esses projetos sobrevivem à mudança dos ciclos políticos de quatro anos, gerando uma grande frustração aos envolvidos.

No meu caso, senti na pele essa frustração quando trabalhava na Prefeitura do Rio de Janeiro com concessões e PPPs. Trabalhei na prefeitura por seis anos e, em 2013, o prefeito Eduardo Paes me deu o desafio de estruturar uma nova Zona Azul para a cidade. Fui conhecer as experiências mais bem-sucedidas nos Estados Unidos e Europa. Na época, estava estudando em Harvard e trouxe o que havia de mais avançado no tema para o projeto.

Liderei essa iniciativa por três anos e o sistema previa o pagamento por parquímetros e celulares, tendo uma fiscalização que ocorreria por meio de carros com câmeras. Teríamos até mesmo regiões da cidade com sensores de vaga, permitindo saber em tempo real onde estavam as vagas livres.

O resultado foi que o Sindicato de Guardadores viu na iniciativa uma

11 Ministério do Desenvolvimento, Indústria, Comercio e Serviços. Monitor de Investimentos, 2023. Disponível em: https://investimentos.economia.gov.br/monitor-investimentos/macro.html (Investimento › Histórico › Taxa de investimento › Tabela). Acesso em: 22 ago. 2023.

grande ameaça e, em função de uma enorme pressão política, o projeto foi descontinuado. Anos depois, São Paulo adotaria tudo o que havia sido proposto no projeto enquanto o Rio de Janeiro ainda não encontrou uma solução definitiva para a gestão das vagas de estacionamento em suas ruas.

Nessa época, entendi com clareza os sentimentos de frustração e descrença pela dificuldade de gerir e entregar projetos públicos de infraestrutura. Ter sucesso em qualquer empreendimento depende do bom gerenciamento dos projetos, e não posso negar que existe uma progressão evidente nas organizações dos setores público e privado para criar mudanças mediante a apresentação de projetos. Entretanto, todas as mudanças só podem ser entregues por meio de projetos e, nas últimas décadas, a gestão se tornou uma palavra da moda para governantes que pretendem entregar mais resultados para a população. Os mais bem-sucedidos são aqueles que estruturam escritórios de projetos e criam uma fábrica de boas iniciativas que materializam suas principais promessas. Na área de infraestrutura não é diferente.

Sendo assim, se você é um empreendedor público e sente dificuldades para gerir seus projetos públicos de infraestrutura, você está no lugar certo. É fato que muitos projetos tanto no setor público quanto no privado falham. Obras públicas de modo geral atrasam e estouram orçamentos: segundo o Tribunal de Contas da União (TCU), o Brasil tem mais de 14 mil obras inacabadas, em contratos que somam 144 bilhões de reais.[12]

Tudo isso acontece pela falta de conhecimento específico em gestão de projetos, *stakeholders* e fases da estruturação de uma concessão ou PPP. Essa lacuna aumenta as chances de fracasso e colabora para piorar o déficit crônico de infraestrutura em nosso país.

Por isso, o segredo do sucesso de um empreendedor público que entrega bons projetos de infraestrutura com participação privada é fazer uma boa gestão de projetos, realizar um gerenciamento cuidadoso das partes interessadas e aplicar um método que permita controlar as etapas da estruturação de uma concessão ou parceria público-privada.

Para que um projeto dessa natureza tenha sucesso, ele precisa atender a três perspectivas: **dos usuários, de governos e de investidores**. Para atender aos governos, o projeto deve resolver um problema apontado por uma política pública. Para atender aos usuários, quando possui tarifa, ele deve cobrar um valor justo que não os onere demasiadamente. E, por fim, para atender aos investidores, deve ter taxas de retorno adequadas quando comparadas a alternativas com níveis de risco equivalentes disponíveis no mercado. Um projeto de sucesso atende ao mesmo tempo as necessidades desses três públicos e consegue gerar valor para a sociedade.

---

12 VENTURA, M. PAC: TCU indica mais de 14 mil obras paradas em todo o país. **O Globo**, Brasília, 11 ago. 2023. Disponível em: https://oglobo.globo.com/economia/noticia/2023/08/11/pac-tcu-identifica-mais-de-14-mil-obras-paradas-em-todo-o-pais.ghtml. Acesso em: ago. 2023.

Como solucionar, afinal, o problema da falta de infraestrutura e todos os desafios vividos pelos empreendedores públicos?

O método 3G

Ao longo de minha carreira, pude criar um método eficiente denominado 3G, que aumenta as chances de êxito dos projetos de concessões e parcerias público-privadas estruturadas. Ele possui três eixos: gestão ágil, gestão de *stakeholders* e gestão por *gateways*. Vamos falar sobre cada um deles?

Gestão ágil

Originalmente criada para o desenvolvimento de softwares, a gestão ágil possui enorme aderência com a estruturação de concessões e PPPs dado que projetos dessa natureza possuem muitas perguntas a serem respondidas ao longo de seu ciclo de vida. Percebi a importância desse estilo de trabalho uma vez que métodos tradicionais tendem a não conseguir tratar projetos com essas características com a agilidade devida.

Gestão de stakeholders

A gestão de partes interessadas ou *stakeholders* é central para o sucesso de projetos públicos de infraestrutura com participação privada. Um típico projeto de infraestrutura visa atender a uma demanda de uma política pública como uma nova rodovia, hospital ou escola. Ao longo de seu ciclo de vida, há inúmeros atores que podem influenciá-lo, tais como: judiciário, órgãos de licenciamento e controle, legislativo, veículos de comunicação, corporações, detratores e usuários. Gerir os interesses de todas essas partes é fundamental.

Gestão por gateways

Essa gestão, por sua vez, é composta pelas seguintes etapas: pré-avaliação, estruturação, licitação e gestão contratual. Ela permite realizar e acompanhar as etapas de estruturação do projeto. É chamada assim, pois, ao fim de cada uma das fases, o projeto é avaliado e toma-se a decisão de seguir adiante com ele ou não.

Agora falaremos, portanto, sobre as etapas.

Pré-avaliação

Aqui são assumidas premissas por meio das quais é realizada uma avaliação inicial sobre a viabilidade do projeto. O principal objetivo desta fase é entender se ele é viável para usuários, governos e investidores, gerando assim valor para a sociedade.

Estruturação

Serão elaboradas as minutas de edital e contrato, desenvolvido o plano de negócios para o projeto e realizados os processos de aprovação e validação dos documentos para a publicação de um edital.

Licitação

Nessa parte, são refinados os critérios de seleção para promover a competição entre as empresas privadas que querem concorrer ao edital. Aqui deve-se assegurar a transparência do processo e execução de todo o movimento de licitação, que é concluído com a assinatura de um contrato de concessão entre governo e empresa.

Gestão contratual

Por fim, a fase de gestão contratual é aquela que tem por objetivo implementar a construção e operação do ativo público concedido ao parceiro privado.

Agora que você conhece o método e todas as etapas que estão envolvidas nesse tipo de trabalho, quero apresentar um momento que foi importantíssimo em minha jornada.

Em setembro de 2019, iniciaria o meu trabalho no Banco Interamericano de Desenvolvimento (BID) e, depois de um mês, faríamos o lançamento do projeto de Iluminação Pública da cidade de Nova Lima em Minas Gerais (MG). Trabalhamos em conjunto com Accenture e Manesco como consultores e a Caixa como assessora do município. Para o cronograma, estimamos que em outubro de 2020 licitaríamos o novo sistema de iluminação.

O trabalho foi feito de modo que pudéssemos cumprir o cronograma. Além disso, o projeto era gerido estritamente sob a ótica da gestão por *gateways* e uma cuidadosa gestão de *stakeholders* era realizada para garantir que os interesses de todas as partes estavam contemplados. Métodos ágeis eram empregados para garantir a fluidez das informações trocadas e processadas no projeto. Tudo corria bem!

Em janeiro de 2020, apresentamos uma primeira versão para o prefeito. Em fevereiro, começou a pandemia da covid-19 e isso nos trouxe desafios imensos para continuarmos com o projeto. Em dado momento, o vice-prefeito recebeu a ordem de cancelar a iniciativa, mas decidiu não fazer isso ao presenciar a robustez técnica do trabalho.

Em função do calendário eleitoral, o projeto acabou sendo conduzido pelo município em ritmo mais lento no segundo semestre de 2020 e, no ano seguinte, o vice-prefeito seria eleito prefeito e colocaria a iniciativa como uma de suas prioridades. Em 2021, no primeiro semestre, o projeto de lei que autorizava a licitação da iniciativa foi rejeitado pela câmara de vereadores. Um forte golpe para o projeto, certo?

O que aconteceu, em seguida, foi que a gestão de *stakeholders* foi fundamental para reverter essa negativa ao longo de 2021. Em 2022, o projeto de lei seria novamente apreciado e aprovado. Em abril de 2022, aconteceu a licitação do projeto na B3 em São Paulo e, após um ano, o contrato da PPP seria finalmente assinado na cidade de Nova Lima.

Com tudo isso, quero ressaltar a importância de entender o método para que você esteja preparado para todas as possibilidades dentro desse mercado. Por levar em conta gestão ágil, gestão por *gateways* e gestão de *stakeholders*, conseguimos aumentar as chances de sucesso de um projeto de concessão ou parceria público-privadas permitindo a redução do *gap* de infraestrutura.

No Banco Interamericano de Desenvolvimento, trabalhamos com projetos de infraestrutura com participação privada nos mais variados setores tais como saneamento básico, resíduos sólidos, mobilidade urbana, iluminação pública, educação, saúde, parques, florestas e outros. Em nossos projetos, buscamos aplicar o método 3G para aumentar as chances de sucesso de nossos clientes. Hoje são mais de cinquenta iniciativas acontecendo em toda a América Latina, sendo metade delas realizadas no Brasil. Nossa taxa de sucesso é, atualmente, uma das mais elevadas entre os organismos multilaterais que atuam no país.

Dessa forma, se me permite dar um conselho a você hoje, caro leitor e empreendedor público que quer ter êxito trabalhando com projetos na área de infraestrutura: aplique o método 3G em todas as suas iniciativas nos próximos anos.

O BID tem me permitido viver muitos sonhos profissionais que nunca imaginei concretizar um dia. Quando iniciei minha jornada nesse mundo na Estruturadora Brasileira de Projetos (EBP), ouvia falar das maravilhas que o Chile havia feito por sua infraestrutura ao aumentar significativamente a participação privada nos serviços públicos e, com isso, aproveitando toda a eficiência empresarial e disponibilizando-a para a população. E fizemos, em maio de 2023, uma missão técnica com o governo do Chile para trocar melhores práticas nos setores de rodovias, saúde e socioeducação.

Naquela semana, tivemos a oportunidade de discutir três décadas de experiência chilena com os agentes públicos daquele país e mostrar como o Brasil avançou nos últimos anos. Ali pude ver a força da aplicação de um método estruturado para entregar serviços públicos de qualidade para a população.

Sendo assim, quero concluir colocando-me à disposição para apoiar você nessa revolução silenciosa que está sendo conduzida para realizar a transformação dos serviços públicos brasileiros por meio da participação privada. Precisamos de novos projetos para que venham novos investidores e possamos ver aumentar a prosperidade de nosso país!

Preparamos um ambiente especial e on-line para que você possa testar o que aprendeu neste capítulo. Acesse o link a seguir e mergulhe em uma gamificação exclusiva dos inquietos por natureza.

http://bit.ly/inquietos03

04

AÇÃO é o que TRANSFORMA VISÃO EM RESULTADOS TANGÍVEIS

Amanda S. Rangel é casada com Rafael Rangel, empresária, psicóloga, grafóloga, master coach, especialista em perfil comportamental, pastora e palestrante. Formada em gestão financeira, gestão de recursos humanos e psicologia. Pós-graduada em grafologia e neuroescrita, gestão de processos e pessoas, auditora de ISO 9001 e IATF, com MBA em gestão em controladoria, finanças e auditoria pela Fundação Getulio Vargas (FGV). É sócia--diretora da Evolution Consultoria & Treinamentos Ltda. É coautora do best-seller *Seja (im)perfeito* (2022).

AMANDA
S. RANGEL

Se você é movido por uma visão e uma paixão que o impulsionam a desafiar limites, a criar algo significativo e a deixar um legado duradouro, saiba que é normal enfrentar estradas desafiadoras, repletas de curvas inesperadas e obstáculos imprevistos. Entretanto, posso garantir que nesses mesmos momentos você descobrirá a verdadeira força de sua determinação em relação ao seu negócio. Quer saber como sei de tudo isso? Fique aqui porque conversaremos neste capítulo sobre os principais desafios que vejo nos empreendedores que atendo e mostrarei um passo a passo infalível para que você possa ter mais resultados, tanto na sua vida profissional quanto na vida pessoal.

Os desafios nas organizações: processos, engajamentos e resultados inconsistentes

Hoje, em minha área de atuação, o que mais vejo são executivos e empreendedores desgastados por conta das complexidades e responsabilidades de administrar um negócio. Alguns dos maiores desgastes profissionais que eles enfrentam incluem: gerenciamento de pessoas, processos e procedimentos. Por isso, em minhas consultorias, vejo que é muito comum – e me traz grande indignação – ver a maioria dos empreendedores viver "apagando incêndios". Isso significa que gestores ou empresários estão constantemente ocupados resolvendo problemas urgentes e imprevistos em vez de se concentrarem em tarefas estratégicas e planejamento a longo prazo. E tudo isso é muito frustrante!

Recentemente, fiz uma consultoria em uma empresa que cresceu rápido demais e minha tarefa foi estruturar os processos e procedimentos com qualidade a fim de trazer uma nova cultura para a gestão de pessoas na companhia. Quando os sócios me contrataram, o histórico era de roubos financeiros, falha na comunicação entre departamentos e erros diários, muitos dos quais traziam comprometimento financeiro para o caixa e para o faturamento.

Ali existia falta de controles internos, alto custo financeiro, baixa produtividade, cultura organizacional comprometida, profissionais pouco ou nada engajados, alto índice de *turnover*, resultados aquém do esperado, retrabalho, falta de desempenho profissional e processos desorganizados. Ufa! Os problemas eram inúmeros e, atualmente, tenho sido procurada por muitos empresários que enfrentam cenários semelhantes para ajudá-los a melhorar a produtividade de seus colaboradores.

Nos processos que conduzo, uma de minhas prioridades é mostrar o quanto é importante ter comunicação clara, processos bem-definidos e critérios de melhorias e de desenvolvimento de pessoas. Quando esses fatores são implementados de maneira estruturada, os resultados são incríveis, pois além do aumento de produtividade, é como se o tempo aumentasse, justamente porque desde o planejamento até as tarefas e metas concluídas as atividades passam a ser realizadas com mais leveza e satisfação.

Além de serem fatores que precisam estar em seus objetivos, vejo que é fundamental ter eficiência e eficácia nos processos internos, pois, sem isso, eles podem afetar diretamente o desempenho e a competitividade da sua empresa. Já parou para pensar que processos complexos e procedimentos burocráticos podem levar a atrasos, erros e frustrações tanto para a sua equipe quanto para os seus clientes? Caso não, saiba que isso acontece.

Processos ineficientes podem resultar em desperdício de tempo, recursos e dinheiro, impactando a produtividade geral da sua organização. E se seus processos não possuem padronização, isso pode levar a inconsistências nos resultados, confusões e dificuldades de treinamento. A ausência de automação pode aumentar a carga de trabalho manual, levando a erros e atrasos desnecessários. Se os fluxos de trabalho são mal definidos, não são documentados ou falta uma comunicação clara sobre procedimentos, então você verá muitos erros ao longo dos processos.

À medida que o seu negócio cresce ou as demandas do mercado mudam, seus procedimentos precisam ser ajustados para acomodar essas mudanças. E isso é necessário porque falta de monitoramento regular e melhoria contínua pode levar a desatualizações e ineficácia. Se não avaliar o desempenho dos membros da sua equipe de maneira justa e objetiva e não proporcionar treinamentos, você corre o risco de tudo o que estiver padronizado ir por água abaixo.

Ademais, percebo que o sentimento mais comum é a frustração devido às pressões e desafios inerentes ao mundo dos negócios. Já vi muitos empresários precisando equilibrar várias tarefas ao mesmo tempo, desde lidar com problemas imediatos até planejar estratégias de longo prazo. As decisões, frequentemente, precisam ser tomadas rapidamente, especialmente quando envolvem riscos significativos.

Outra sensação comum é o estresse. Com a pressão para alcançar metas, enfrentar a concorrência e lidar com os problemas imprevistos, é bem provável que esse sentimento seja uma constante em sua vida.

Recentemente, um empresário desabafou que estava com longas horas de trabalho e isso estava impactando suas relações pessoais. Estava com dificuldade de equilibrar as demandas da vida profissional e pessoal e isso estava causando grande frustração. Também já vi empresários dizendo que a família tem que compreender que o negócio está em alta e ele está sem tempo para viajar ou para ficar com aqueles que amava, contudo, tempos depois, vi a esposa e os filhos não aguentarem e irem embora, deixando-o sozinho. Em outras palavras, esse empresário acabou sem família e sem saúde.

Imagino que você não queira isso para a sua vida, então é claro que não posso deixar de mencionar que sei que o cotidiano de um empresário pode variar significativamente com base no setor, no tamanho da empresa e na fase de crescimento, mas nada é mais importante do que proteger sua saúde emocional e mental e ter qualidade de vida com quem você ama.

Se você se identifica com alguma das situações que abordei até agora, saiba que você não está sozinho e existem alguns fatores que acabam piorando tudo isso.

É tempo de mudanças significativas

A maioria dos executivos que atendo passam pela falta de planejamento e de mudanças significativas na abordagem de gestão. Cada etapa requer esforço, paciência e ajustes ao longo do tempo. Por isso, é importante adotar uma abordagem proativa e focada na melhoria contínua, buscando um equilíbrio entre o sucesso empresarial e o bem-estar pessoal.

Com os executivos que atendo, faço uma abordagem para uma avaliação honesta e realista da situação, identificando os principais problemas e desafios que estão causando pressão. E essa etapa é crucial para criar um plano de ação, pois identificamos juntos as tarefas e projetos de maior prioridade, ajudando a direcionar melhor o foco no que terá maior impacto para o negócio.

Tudo começa pela análise dos processos internos e os fluxos de trabalho para identificar ineficiências e oportunidades de melhorias, aumentando a produtividade e reduzindo o estresse. Então, se você é um empresário que tenta fazer tudo sozinho, meu conselho é que deixe de lado esse comportamento. Delegar tarefas apropriadas para membros da equipe permite que você se concentre nas atividades de maior valor. É preciso estabelecer limites de tempo para tarefas e projetos a fim de evitar a sobrecarga e liberar espaço para que se dedique ao planejamento estratégico que levará ao futuro da sua empresa. Não hesite em compartilhar a responsabilidade do negócio com outros líderes competentes. Distribuir o fardo ajuda a aliviar a pressão! E lembre-se de que sair desse ciclo de pressão constante é um processo gradual.

Dessa maneira, quero que você saiba que é possível equilibrar a paixão pela visão empresarial com a capacidade de delegar, confiar na equipe, cultivar o próprio bem-estar e aprimorar constantemente os processos. Essa é a fórmula para prosperar no ambiente de negócios e vou ajudar você a chegar nesse resultado!

Ao colocar em prática os próximos passos sobre os quais falaremos, o meu objetivo é que você evite as armadilhas comuns como exaustão, microgerenciamento, estagnação e falta de inovação. Quero que desenvolva uma visão clara e apaixonada para que se sinta mais motivado e seja impulsionado pela inovação, pela perseverança e pela busca por metas ambiciosas. Em relação à equipe: confie! A partir do momento que você delega, abre espaço em sua agenda para ser mais assertivo com suas habilidades e expertises.

E não se esqueça: o seu bem-estar pessoal é fundamental. **Pessoas sobrecarregadas têm esgotamento e saúde comprometida. Então cultive o bem-estar físico e mental para ter mais resiliência e capacidade de enfrentar os desafios.**

Falaremos também sobre os processos eficientes. Eles são a espinha dorsal de uma operação de negócios bem-sucedida e a melhoria contínua é pré-requisito para a produtividade, redução de custos e agilidade para se adaptar às mudanças. Um ambiente empresarial em que a paixão é equilibrada com eficiência, confiança na equipe e bem-estar pessoal traz como resultado negócios resilientes e prósperos.

Método 3E: Estratégia, eficiência e equilíbrio

Por isso, criei o método 3E: *estratégia*, *eficiência* e *equilíbrio*. Ele é altamente eficaz porque não é uma simples fórmula para prosperar nos negócios, mas sim um método que dá certo em todas as empresas que atuo. Quando aplicado, perdura ao longo do tempo e deixa um impacto positivo.

Para cada um dos passos, elencarei quatro estratégias que precisam ser colocadas em prática para que você possa atingir os seus objetivos. Vamos lá!

Estratégia

(1) Definição de objetivos

É preciso ter objetivos SMART (específicos, mensuráveis, alcançáveis, relevantes e temporizáveis) para orientar suas ações e esforços. Então defina objetivos claros e específicos para a empresa, estabelecendo metas mensuráveis a curto, médio e longo prazo.

(2) Planejamento estratégico

Desenvolva um plano detalhado que identifique as ações necessárias para atingir os objetivos estabelecidos, incluindo análise de recursos e definição de prazos.

(3) Análise de mercado

Realize pesquisas para compreender as tendências do mercado, o comportamento do cliente e a concorrência. Tudo isso deverá embasar as suas estratégias.

(4) Definição de nicho

Identifique um nicho específico no mercado em que a empresa possa se destacar, oferecendo soluções únicas e direcionadas.

Eficiência

(1) Análise de processos

Realize uma análise detalhada dos processos internos da empresa para identificar ineficiências, gargalos e áreas de melhoria.

(2) Otimização de processos

Redefina os processos para eliminar etapas desnecessárias, simplificar procedimentos e melhorar a eficiência geral.

(3) Automação inteligente

Identifique tarefas repetitivas e adequadas para automação, implementando ferramentas tecnológicas que economizem tempo e recursos.

(4) Gerenciamento de recursos

Aloque recursos de maneira estratégica, incluindo tempo, dinheiro e equipe, para maximizar a produtividade e minimizar desperdícios.

Equilíbrio

(1) Gestão de tempo

Crie um plano de gerenciamento de tempo que permita dedicar atenção tanto às atividades de negócios quanto ao tempo pessoal.

(2) Estabelecimento de limites

Defina limites claros entre o trabalho e a vida pessoal, evitando a sobrecarga constante e garantindo um equilíbrio saudável, incentivando a desconexão digital após certo horário.

(3) Foco na qualidade de vida

Promova um estilo de vida equilibrado, incluindo exercícios, alimentação saudável, sono adequado e tempo para atividades recreativas.

(4) Desenvolvimento pessoal

Reserve tempo para aprendizado contínuo, seja por meio de cursos, leituras ou mentorias, para aprimorar suas habilidades e perspectivas.

Comecei a aplicar essa técnica quando me tornei especialista em controladoria e fui crescendo até me tornar diretora. Durante a minha trajetória, muitas coisas me incomodaram, como ver o executivo exausto e a empresa crescendo sem estrutura, e tudo isso fez com que eu buscasse por conhecimentos para que pudesse mudar essa situação. Comecei a desenvolver técnicas, planejando e mapeando os negócios da empresa.

É comum notar executivos que possuem perfil de empreendedores e não de gestores. Eles são visionários, mas perdem o controle das pessoas e dos processos no decorrer do crescimento da empresa. Sobre esse tema, existe uma história que sinto que vale a pena trazer.

Quando iniciei o trabalho em uma consultoria, os departamentos demoravam na entrega de seus resultados, e o diretor geral se sentia iludido. A sensação que ele tinha é de que seus colaboradores só falavam, mas não executavam. Após um diagnóstico de seus processos, pessoas e como estavam as entregas, identificamos que, em alguns departamentos que necessitavam de pessoas com perfis mais técnicos e analíticos, só existiam perfis comunicadores. Identificamos também que cada gestor falava uma língua diferente, formulários sem padronização, comunicação interna cheia de falhas e erros e cada um fazia o que achava melhor, baseado na cultura que trouxeram de outras organizações.

À medida que implementamos as mudanças e estruturamos os departamentos, comecei a ver redução de custos, tempo otimizado e pessoas mais felizes com seu trabalho. Foi assim que isso se tornou minha paixão! Ver pessoas e cenários transformados era o que eu gostaria de cultivar. Então fui lapidando o método e percebi que não estavam acontecendo só melhorias nos processos ou no desenvolvimento das pessoas, mas também o empresário tinha uma melhora grandiosa em sua saúde mental e vida pessoal. Como ele, muitos outros membros do time me agradeceram por estar tendo mais tempo para si mesmos e para a família.

A ação leva ao destino

Por esses e outros motivos, quero que você saiba que a visão é o ponto de partida, mas a ação é o motor que leva você ao destino. Então não hesite em dar o primeiro passo, mesmo que seja pequeno. A consistência na execução é o que transformará a sua visão em realidade. Mantenha-se flexível, aprenda com os erros e ajuste o curso conforme necessário. Seja proativo e não subestime o poder da ação persistente.

Talvez você não tenha se dado conta, mas a ação é o elo vital entre a visão e os resultados concretos. Muitas vezes, ter uma visão ou plano é apenas o primeiro passo; a execução consistente é o que transforma essas ideias em realidade. Uma visão ou plano de negócios é apenas um conceito até que seja executado. A ação é o que efetivamente transforma a visão em resultados tangíveis. Ela gera *feedback* e aprendizado valioso e, à medida que o empresário coloca o plano em prática, pode identificar o que funciona, o que não funciona e fazer ajustes para otimizar os resultados. E essa prática constante cria hábitos produtivos.

Executar o passo a passo repetidamente estabelece rotinas que aumentam a eficiência e a consistência. Em outras palavras, a ação gera *momentum*. Pequenas vitórias e progresso gradual aumentam a motivação e a confiança, tornando-o mais propenso a continuar avançando.

Outro ponto é que a prática consistente de um plano inspira e influencia a cultura empresarial. Quando líderes estão comprometidos com a execução, isso estimula a equipe a se dedicar ao trabalho e a contribuir para o sucesso, então a aplicação de tudo o que aprendeu permitirá que você construa um negócio sólido, eficiente e equilibrado. O foco na estratégia, eficiência e equilíbrio proporcionará uma base para o crescimento sustentável e bem-sucedido da empresa, enquanto cuida do bem-estar pessoal e da qualidade de vida.

Por isso, lembre-se de que cada ação que você toma, por menor que pareça, é uma peça crucial no quebra-cabeça do seu sucesso. Cada passo em direção ao seu objetivo constrói uma ponte entre a visão que você imagina e a realidade que você deseja alcançar.

Mantenha viva a chama da paixão e lembre-se de que você não está sozinho nesta jornada. Há mentores para orientá-lo, equipes para apoiá-lo e recursos para ajudá-lo a crescer. Mantenha-se faminto por conhecimento, mas também confie em sua intuição. O caminho pode ser longo e, por vezes, cansativo, mas a recompensa é incomparável.

O mundo precisa da sua visão inquieta por natureza, da sua paixão e da sua determinação. Lembre-se de que, no coração da execução, você encontrará o triunfo que merece.

Preparamos um ambiente especial e on-line para que você possa testar o que aprendeu neste capítulo. Acesse o link a seguir e mergulhe em uma gamificação exclusiva dos inquietos por natureza.

http://bit.ly/inquietos04

05

DESCONSTRUIR E RECONSTRUIR: A RECEITA PARA OS NEGÓCIOS DE SUCESSO

Daniel Pereira e **Karin Campos** são empreendedores e a parceria matrimonial se estende por vinte e três anos de atuação conjunta na indústria de tecnologia e serviços. Como cofundadores da GVP.Digital e de mais seis empreendimentos, forjaram um ecossistema singular, proporcionando às empresas acesso ao mundo da tecnologia e a serviços transformacionais. Por meio da integração magistral de automação e inteligência artificial, eles redefiniram a forma como as empresas se conectam com seus clientes, revolucionando estratégias de venda e interações.

Com uma trajetória que ilumina o potencial da colaboração, **Daniel** e **Karin** se destacam como catalisadores da inovação. Suas iniciativas refletem uma compreensão profundamente arraigada das demandas contemporâneas, capacitando empresas a abraçar a tecnologia e inovação em sua plenitude. Como visionários persistentes, seu legado transcende realizações pessoais, enriquecendo o tecido empresarial com uma abordagem transformadora.

A história de **Daniel** e **Karin** inspira a fusão bem-sucedida entre compromisso pessoal e visão de negócios, demonstrando que parcerias sólidas podem desencadear conquistas extraordinárias. Com quase um quarto de século dedicado a essa missão, eles personificam a ideia de que o casamento entre paixão, tecnologia e empreendedorismo pode gerar mudanças duradouras, impulsionando a inovação e motivando outros a trilharem percursos igualmente audaciosos.

© Arquivo pessoal

DANIEL PEREIRA
KARIN CAMPOS

Pare aqui por um momento se você concorda que empreender traz medo, incertezas e, muitas vezes, nos faz repensar. O segredo, entretanto, é não deixar que esse medo nos pare, pois ele pode ajudar – e muito – a analisar as possíveis alternativas para que estejamos sempre crescendo. O medo pode ser um agente transformador! E mais do isso, queremos começar o capítulo desejando que você seja uma pessoa que, acima de tudo, aprenda até nos momentos mais complexos. Deu errado? Pense: *o que posso corrigir ou fazer diferente a partir dessa experiência? Qual é a oportunidade que estou recebendo?* Assim, queremos que você seja um empreendedor que transforma a si mesmo, os negócios e as pessoas que estão ao redor.

Em nossa experiência, percebemos que o empreendedor ou executivo que tem a função de liderar e gerir negócios precisa ser ágil para ajustar, reajustar ou criar produtos ou soluções para seu negócio de modo rápido. Ele também precisa tomar decisões e analisar seus impactos de maneira que mantenha sempre o crescimento saudável, certo? Em alguns momentos, a causa disso é a concorrência forte, os novos modelos de negócios e as tecnologias que chegam e impactam diretamente na performance da empresa, entretanto, é um fato que a mudança global tem exigido cada vez mais das pessoas e das organizações.

Estamos falando também sobre o acesso a informações de qualquer lugar do mundo, a mudança no modelo de consumo por meio da tecnologia em que o consumidor busca informações, referências e tem todos os dados na palma da mão. Isso tudo faz com que o empreendedor tenha a necessidade de estar cada vez mais envolvido e seja um conhecedor do universo tecnológico para garantir a presença de seu negócio e a evolução constante nos quesitos inovação, atendimento e vendas.

A busca por produtos ou serviços saiu do modelo boca a boca, da busca em revistas e lojas físicas e transportou-se para um modelo totalmente tecnológico por meio de buscas na internet e comparação rápida, tal qual não depende só de preços, mas sim de especificações, referências, estrelas e reclamações. Em outras palavras, tudo o que fazíamos anteriormente em menor escala passou a ser feito em escala gigantesca, chegando ao ponto de podermos comprar rapidamente de outros países alguns produtos que chegam à nossa porta de modo cômodo, ágil e eficiente.

Essas mudanças positivas no comportamento do consumidor impactam, inclusive, em quão pronta a equipe está para mergulhar neste universo de relacionamento ágil, tecnológico e que exige qualidade e conhecimento, visto que o acesso às informações rápidas e às referências de outros consumidores tornaram o nosso consumidor, muitas vezes, mais conhecedor do produto ou serviço do que o próprio vendedor ou empresa.

A presença no digital de maneira assertiva e adequada é prioritária e perceptível a todos, pois além de potencializar vendas, gerar relacionamentos de alto impacto com o cliente de diversas formas, está diretamente ligada à performance e pode levar o negócio a uma queda significativa em vendas e a deixar de ser referência para novos consumidores. Estamos na era do relacionamento e da tecnologia: pilares que precisam estar presentes em qualquer negócio para garantia de crescimento, permanência no mercado e geração de autoridade. **Hoje, negócios são realizados por pessoas, processos e tecnologia. Essa tríade é infalível e ela precisa estar presente em sua empresa.**

Muitos podem sentir que seus negócios não vão bem ou que não conseguem evoluir por não estarem prontos para mergulhar de vez neste modelo de relacionamento, posicionamento e vendas. Em muitas ocasiões, percebemos que existe medo da tecnologia por não saber utilizá-la ou por onde começar. A consequência? Perdas de vendas e clientes perguntando se a empresa atende por meios digitais, se é possível pagar por um canal digital, entre outros entraves no relacionamento comercial. E se os empresários não olharem para o que estamos trazendo aqui, não terão respostas prontas ou processos adequados para lidar com essas situações. Até mesmo a questão da segurança de dados, proteção das informações ou negativas em compartilhar dados por medo de vazamento. São apenas algumas das questões que fazem parte do cotidiano de quem empreende.

Processos são ferramentas importantes que ajudam a escalar o negócio. E não estamos falando sobre o processo que engessa, mas sim aquele que tem o propósito de agilizar e padronizar demandas que podem ser concluídas de modo ágil e eficiente. Engana-se quem imagina que processos e organização são apenas para empresas grandes. Um pequeno processo pode, além de agilizar demandas, apoiar quando você está em crescimento para que ocorra em um modelo mais organizado e mensurável.

Para empreender, é preciso vender. E não apenas isso: é necessário vender de diversas formas e para diversos públicos. Saber que existem negócios que não saíram do modelo tradicional nos deixa indignados, pois hoje é preciso estar altamente antenado para que os processos mudem de modo rápido, ágil e conectado. Estar preparado e pronto gera medo, insegurança e receio de realmente saber e conhecer tudo o que precisa para atender e vender neste mundo *tech*.

Além disso, em nossa percepção, os motivos pelos quais isso acontece estão relacionados com o desconhecimento desses assuntos ou a falta de preparo do time para apoiar as inovações e soluções para o negócio. É claro que ninguém sabe sobre tudo, mas podemos nos cercar de pessoas que nos apoiem e preencham essas lacunas.

Estar em posição de conforto no mercado em que atua por muito tempo ou julgar que isso não vai acontecer no "meu negócio" pode levar o empreendedor a uma falsa sensação de poder em um mundo altamente impactado pela tecnologia e por inovações constantes. Não acompanhar o mercado e o mundo de maneira global, ler e buscar estar em um movimento constante de aprendizado, ouvir outras pessoas e colaboradores, ou seja, não colocar-se em posição de detentor de todas as informações e decisões, pode estar impactando negativamente o seu negócio. Empreender, hoje, requer atuar de maneira colaborativa, conhecendo sobre negócios, pessoas, networking e colocando para si o aprendizado constante. É importante mudar a mente para um modelo aberto a captar informações, aprendizados e insights poderosos.

Sendo assim, para nós, o sucesso do empreendedor está altamente ligado à capacidade de ouvir pessoas, estar aberto ao novo, aprender constantemente sobre assuntos diferentes do seu dia a dia, ler e buscar conhecer sobre tecnologias que podem impactar seus negócios e estar com pessoas e colaboradores com visão de inovação e crescimento. Ou seja: desconstruir e reconstruir.

Dessa maneira, para inovar é importante ter pessoas que façam parte de sua equipe com visões e habilidades diferentes, envolvê-las no processo e fazer com que sejam parte do problema e da solução. Tudo isso ajudará você a ganhar velocidade e soluções ou produtos que possam ser evoluídos ou incorporados em seu negócio.

Separamos, portanto, três temas que são importantes para que o seu negócio avance em direção ao futuro e possa ter sucesso duradouro.

Desconstruir e reconstruir

Reconstruir é algo transformador para o empreendedor e para o negócio. Reaprender a fazer, desenvolver habilidades, conectar-se e tornar essa prática recorrente tem um poder transformador nos negócios e na vida. Tudo é adquirido por prática e treinos constantes: aprendemos a caminhar caindo e levantando.

E empreender é isso: cair, levantar, reorganizar a rota e aprender com a queda. Isso tudo sem nunca perder a visão do futuro e do novo. É preciso ter paixão pelo negócio. Isso significa que, muitas vezes, você precisará se desapegar do que é antigo e gerar o novo para que tenha sucesso. Ou seja, será preciso desconstruir para reconstruir. Será preciso desapaixonar-se para abrir novas oportunidades.

Pense fora da caixa

Esteja aberto e busque aprender sobre pontos importantes para seu negócio. Saia da caixa da sua empresa. Entenda como outros concorrentes funcionam, como seus produtos atuam, participe de eventos de negócios, conecte-se com outras pessoas, estude sobre novos modelos de negócio e construa uma visão inovadora. Lembre-se de que a tecnologia e os modelos de mercado e negócios estão em constante mudança e transformação. Aprenda, teste, avalie o que faz sentido para seu negócio e incorpore.

Cliente no centro

Ouça o cliente, entenda as necessidades, busque a opinião sincera. Ouça quem gosta muito do seu negócio, mas ouça ainda mais quem não gosta ou não compra mais de você. Busque entender suas deficiências para corrigir a rota e os desejos de quem usa ou usou seu produto ou serviço.

Muitas vezes, a inovação que você busca está mais perto do que imagina. É preciso aprender com erros, ouvir clientes, leads e seu time para cruzar as informações. É necessário estudar, aprender e implementar; medir, acompanhar e seguir este ciclo. São atitudes simples que vão transformar o seu negócio, seu time e, com certeza, levar você como empreendedor a outro nível. Mantenha a mente aberta no processo de inovação e entenda que um grande passo desse processo é avaliar, reorganizar se preciso e ter pessoas que contestem, tragam visões diferentes da sua, pois somente com olhares diferentes é possível ser diferente.

Ser empreendedor é desafiador e, em nossos anos de empreendedorismo, sempre lidamos com os desafios. Tivemos muitas situações difíceis, lidamos com crises do mercado brasileiro em que fomos levados a este modelo de rever e ajustar rotas. Setores em que estávamos consolidados passaram por crises altamente impactantes e, por termos sempre em nossa mente e em nosso modelo de trabalho o olhar para fora da caixa aprendendo coisas novas, ouvimos outras pessoas e conseguimos ajustar as velas de modo rápido. Mas não foi somente ajustar as velas que nos permitiu manter os negócios e crescer. Foi avaliar rápido os resultados das implementações e agir sobre eles mais rápido ainda.

Em nossa trajetória, unimos nossa complementaridade e nossos objetivos para alcançarmos o sucesso em tudo o que nos propusemos e continuamos a nos propor como desafios. Usamos os nossos pontos fortes para estimular e completar um ao outro, e isso nos torna inquietos e imparáveis.

Termos pessoas envolvidas nesse processo com outros olhares nos ajudou grandemente e continua ajudando. A visão de inovação fez com que encontrássemos oportunidades de novos negócios, pois nunca focamos o problema, mas sim as oportunidades de fazer algo novo e diferente. Aprendemos com as crises que é importante termos algo novo sendo trabalhado e avaliado, e nunca pensamos que nossos produtos e serviços atingiram a perfeição. Pelo contrário, foram esses momentos difíceis que nos levaram aos maiores crescimentos e evoluções de produtos, serviços e modelos de gestão. Essa é a mentalidade que você precisa ter!

Então não tenha medo de inovar e repensar o seu negócio. Muitas fórmulas de sucesso do passado não se aplicam mais ao mundo que temos a nossa frente. O que você leu aqui foram conselhos e práticas da nossa vida empreendendo há mais de vinte anos juntos. Sem esses detalhes não teríamos chegado até aqui e buscado a inovação constante. O segredo, como falamos no início, é não deixar o medo paralisar você. É preciso pegar impulso, pensar e avaliar como é possível mudar e entender que ninguém empreende sozinho. Precisamos de pessoas, tecnologias e estruturas que, em conjunto, fazem a mágica acontecer.

Crescer o negócio tem como consequência o crescimento pessoal, e o sucesso de empreender está altamente ligado ao quanto de impacto você gera não só em termos de geração de riqueza para o negócio e para você e para quem se dedicou a estar do seu lado nesta empreitada, mas também de riqueza intelectual. Empreender é conectar ideias a realizações com resultados fantásticos. Seja você essa pessoa que conecta, realiza e transforma!

Preparamos um ambiente especial e on-line para que você possa testar o que aprendeu neste capítulo. Acesse o link a seguir e mergulhe em uma gamificação exclusiva dos inquietos por natureza.

http://bit.ly/inquietos05

06

GATILHOS MENTAIS: DESPERTE DESEJO PELO SEU PROJETO OU SERVIÇO

Rachel Lino é uma apaixonada pelo movimento que o marketing promove. Sócia da agência Gotwo Marketing, é responsável por toda parte criativa da empresa. Aprendeu a importância da liderança quando foi sócia e diretora de uma fábrica de médio porte de salgadinhos de milho em Salvador (BA). Abraça como missão de vida ensinar às pessoas o poder transformador e restaurador de uma comunicação assertiva.

PARA SABER MAIS SOBRE A AUTORA:

 @rruthlino

 @agenciagotwo

#gatilhosmentais
#comunicação
#autoanálise

RACHEL LINO

"Nunca fiz limites para a luz do meu olhar."

O meu pai é o autor dessa frase e ela dá o tom da minha vida. Alimenta a minha alma criativa e é um convite a sair do óbvio e entender o complexo mundo dos gatilhos mentais. Quer entender melhor sobre este tema? Fique aqui porque trarei muito da minha experiência nesse sentido.

Em primeiro lugar, vale apontar que o processo do convencimento da compra é o que mais me inquieta. O que leva uma pessoa a comprar? Como adequo o que vendo a determinado público? Como me encaixo diante de tanta obviedade e, ainda assim, consigo brilhar e ser o "escolhido"? Todas essas perguntas sempre me deixaram inquieta e fizeram com que eu buscasse respostas.

O primeiro grande desafio do empreendedorismo é o que eu chamo de **encontro de alma gêmea**. Em outras palavras, é a identificação perfeita do seu público-alvo, aquele que se apaixona à primeira vista por você e pelo que você vende. Já o segundo grande desafio é entender como podemos "nos arrumar" para esse grande encontro, como estar sempre adequado às exigências de quem nos escolheu. Mas devo alertar: é preciso muito cuidado.

O empreendedor deve se despir da arrogância cotidiana para ser assertivo na definição do target. E falo isso por experiência própria! A vida me forçou a me tornar empresária. Quando a minha irmã faleceu da noite para o dia vítima de miocardite viral, não houve outra opção que não fosse assumir o que ela tinha começado: uma fábrica de salgadinhos de médio porte.

Lembro-me de olhar para mim mesma naquele lugar, perdida, sem saber por onde começar. Então por que não começar pelo óbvio? A embalagem, o sabor, o nome. Resolvi mudar tudo, um rebranding completo, pois achava muito inadequado o que tínhamos. Depois de um mês, tivemos fracasso total nas vendas e me dei conta da besteira que tinha feito. Ignorei, por conta da vaidade, a história, o valor emocional e, sobretudo, o atual público do meu produto. Abracei o espelho quando tomei decisões e o meu ego quebrou as minhas pernas. Como consequência, a concorrência disparou as vendas e o meu produto, que era lindo apenas aos meus olhos egóicos, nunca foi escolhido.

Por esse motivo, reforço que é crucial para o êxito empresarial a compreensão do que oferecemos, de quem é o nosso público-alvo, em quais locais devemos posicionar os nossos produtos e como devemos transmitir a nossa proposta. Não adianta ter a aparência mais bonita e estar em um local inapropriado. Ninguém vai escolher você! "Cada cabeça é um mundo" é uma realidade e um processo. O grande desafio é reconhecer em qual mundo o seu produto ou serviço se encaixa e, deste modo, apresentar-se como opção.

Uma das situações mais comuns que vejo na minha agência são clientes que nos procuram para "fazer um Instagram". Solicitamos então a identidade visual, a logo, paleta de cores, tipografia, posicionamento, tom de voz e, para nossa surpresa, o cliente não tem nada. Veja então o grande paradigma: "Eu quero um perfil no Instagram, pois quero me comunicar e comunicar o que vendo, ainda que não saiba quem sou eu e para que eu existo". Percebe como a ordem está completamente invertida? Quando questionados, eis aí a sugestão que paira como solução milagrosa: "Faça o que meus concorrentes estão fazendo!". Assim começa o que chamo de "marketing *fast food*". Em outras palavras, são empresas que se tornam mera reprodução de outras, aplicando fórmulas pré-fabricadas, porém incapazes de repetir o êxito do "concorrente", permanecendo, assim, estagnadas.

É muito comum não compreendermos o porquê não conseguimos crescer. E a nossa frustração se dá justamente na comparação com o "quintal do vizinho". Os números de seguidores que não aumentam, a taxa de conversão que não sobe, o produto que não sai da prateleira. Todos esses sintomas são comuns e fazem parte da maior parte dos resultados daqueles que utilizam a reprodução como principal estratégia.

Nesse caso, acontece o seguinte: você já investiu o que era possível, seguiu as mais variadas dicas para o seu negócio, mas não consegue comunicar o que vende para quem, de fato, compraria o seu produto. Por que em vez de se perguntar por qual motivo o gramado do seu vizinho está mais verde e florido do que o seu, você não se indaga se está fazendo algo de maneira efetiva no *seu* jardim?

Então, antes de tudo, pare e responda: você sente que tem uma marca sólida? Entende o seu propósito e se sente preparado para comunicar-se com o seu público? Você já identificou esse público? Fez uma análise das suas necessidades e se adequou a ele? Ou você está apenas acreditando que, por querer muito, vai conseguir ter sucesso?

Como virar o jogo para o seu negócio

Sentir-se perdido em meio a um mundo de estímulos é algo comum. Diante de tantos cursos e experts no assunto, é compreensível a dúvida em saber em qual devemos nos inspirar. O excesso de informação generalista causa incerteza e insegurança, pois todos se apresentam como a solução perfeita e nada parece promover um resultado efetivo. Pensando sobre isso, quero trazer dois fatores que acredito serem os responsáveis por esse processo torto e que não leva a lugar nenhum.

O primeiro é a falta de preparação que se dá antes de entregarmos e confiarmos ao mundo a nossa ideia. O segundo é a falta de critério na hora de comunicar. Lembre-se: quem mira no *tudo*, acaba não acertando *nada*. Voltando para a frase do meu pai quando discorro sobre isso, acabo me questionando: onde foi parar aquela luz no olhar que desconhece limites?

Vivemos em uma era que funciona como uma fábrica de robôs, pessoas, produtos e serviços que são verdadeiras cópias de si mesmos. E parafraseando René Descartes: não pensam e não existem, e, portanto, jamais vão ser escolhidas. Essa questão pode soar como apenas de cunho externo, mas não é.

Como conscientizar o seu colaborador da sua cultura organizacional se nem você mesmo sabe o seu propósito em existir? Por mais incrível que a nossa ideia pareça ser, ela precisa ser construída e alimentada. Não é porque entendemos que o mundo também entenderá. É preciso ser, desenvolver e comunicar para gerar nas pessoas o desejo por aquilo que criamos. Muitas vezes, a nossa grande ideia só existe no campo da imaginação.

Justamente por esses fatores, acredito **que o sucesso do empreendedor está no autoconhecimento e na comunicação**. Quando você entende quem você é e para que você e a sua empresa existem, o jogo muda completamente.

Além de conseguir encontrar e estruturar um time reprodutor da sua ideia, você não terá dificuldade de identificar os gatilhos que vão provocar no outro o desejo pelo que você oferece. A falta é o motor propulsor do gatilho. Seja uma falta de algo cotidiano ou algum vazio que precisa ser preenchido pelo pertencimento ao "clã dos donos de uma Birkin". A pergunta é: **onde você se encaixa no vazio do outro?**

Como encontrar esse outro e comunicar a ele que você é a solução da qual ele precisa se você ainda não sabe quem é e para que existe? A resposta é simples: você não consegue. Então, antes de olhar para fora e buscar o seu potencial comprador, é preciso olhar para dentro. Fazer uma autogestão, entender o seu papel, o seu propósito e o seu diferencial neste grande jogo. Depois desse passo, você estará pronto para divulgar ao mundo o seu verdadeiro e irresistível "eu".

A inquietude não pode ser sinônimo de imprudência. Isso foi algo muito importante que aprendi. Tudo o que fiz de maneira precipitada mais atrapalhou do que me ajudou. Então a palavra de ordem sempre deve ser *planejamento*. E por mais que pareça óbvio, infelizmente as pessoas costumam pecar nesse quesito cotidianamente.

Não tem outro caminho: se você tem um produto, um serviço ou uma ideia, antes de lançar, quero que você siga os dois passos a seguir, tenho certeza de que eles mudarão o seu jogo.

1. Planeje: faça uma autoanálise geral!

Descubra quem é você. Pergunte-se qual é o propósito daquilo que está criando, qual é a estrutura do seu negócio, qual falta você preenche, o que você faz que ainda não é feito e como pretende fazer diferente do que já existe.

Para esse momento é imperativo o uso da criatividade. Oferecer soluções originais e criativas, pensar fora da caixa cerebral, ou seja, colorir o olhar sépia do mercado. Esteja sempre consciente de para quem você realmente vende e não para quem gostaria de vender.

Saia do primeiro plano. Você não necessariamente vende para si, então seja capaz de olhar ao seu redor e interpretar outras culturas e realidades. Procure identificar, com base no que você está propondo de novo para o mundo, quem traz a bagagem para, de fato, encantar-se com a sua oferta. Onde essa pessoa se encontra? Quais são os seus hábitos? Eles conversam com a sua ideia? Só depois dessa compreensão você estará pronto para o próximo passo.

2. Comunique!

Você deverá traduzir em cores, formas e sons tudo aquilo que descobriu. A criação da sua identidade visual e posicionamento deve refletir toda a análise feita no passo anterior.

Agora que sabe quem é o seu público, quais fatores visuais vão ser fundamentais para provocar nele algum tipo de gatilho? Lembre-se de que ele deve ser capaz de decodificar a sua mensagem. A comunicação do seu produto ou serviço vai fazer toda a diferença.

Tenha uma definição assertiva do canal, tom de voz, visual e, sobretudo, originalidade. Esses vão ser fatores determinantes para o seu sucesso. Crie expectativa, provoque a necessidade adormecida e se torne a única escolha possível.

Não aposte apenas no que disseram a você que funciona de maneira generalista no mercado, aposte no que funciona para você! Onde está o seu público? Depois de descobrir, é lá que você deve estar. Não ignore a força da internet e prepare a sua casa digital – Instagram, Facebook, site, LinkedIn. Ela é a sua janela para o mundo real. Da mesma forma que a sua empresa deve ter uma aparência física digna, a sua aparência digital também deve ser impecável.

A partir desses passos e da aplicação deles, tenho certeza de que você mudará muitas coisas no que oferece hoje. No meu caso, além de fazer da comunicação e do marketing os propulsores da minha vida, e trabalhar com essas situações (falta de comunicação assertiva) de maneira cotidiana e recorrente, a experiência com a diretoria da fábrica mudou a minha forma de pensar e agir de modo prático.

Seguindo e completando as lacunas da história que iniciei anteriormente, quando parei para analisar o meu público, me dei conta de que tinha cometido um erro crasso de rebranding e comunicação. O equívoco ocorreu devido a minha falta de percepção e, sobretudo, de uma pesquisa aprofundada do meu público-alvo. Errei quando medi quem comprava os meus produtos segundo a minha própria régua. Os elementos visuais, o tom de voz e até o canal que eu apostava as minhas vendas estavam inadequados.

Além disso, quando promovi o rebranding, não deixei nenhum elemento que remetesse à marca antiga, e isso gerou uma sensação de "fim" para aqueles que já conheciam e gostavam do produto. Quando me dei conta desse erro, tomei uma ação que considero crucial: pausei para avaliar minuciosamente o cenário. Investiguei o ponto em que me desviei da rota e, consequentemente, encontrei o caminho de retorno.

Refinei o nome, as cores e a aparência externa, buscando um alinhamento com o público-alvo. Além disso, na estratégia de relançamento, percebi que o canal da venda não era o mercado digital, e sim o físico, pois era ali que o meu público se encontrava. Deveria apostar em comunicação *in loco*, estratégias no ponto de venda (PDV) e parcerias com varejistas e atacadistas.

A estratégia do relançamento teve como norte a relação emocional que as pessoas tinham com a antiga marca e foi uma aposta feita no saudosismo. "Olha quem está de volta!" O resultado veio com as vendas. As pessoas voltaram a abraçar o produto e os números cresceram. Vale lembrar que a nova estratégia só foi possível depois de uma profunda autoanálise.

Por isso, quero reforçar o quanto a comunicação é o que traz a tangibilidade para a sua ideia. Se ninguém sabe o que de fato você oferece, ou se você existe apenas no campo de pessoas incapazes de decodificar e investir no seu valor, o seu caminho vai ser sempre mais árduo. As empresas tendem a colocar a comunicação e a importância dela na parte de despesas das suas planilhas, quando, na verdade, ela deveria ser tratada como investimento.

A nossa noção de tempo está tão comprometida que em estamos mais preocupados em lançar novas ideias em curto prazo do que em criar algo estruturado e coerente. E como resultado vemos empresas e empreendimentos totalmente vazios, grandes cópias de outras empresas igualmente vazias. Quando paramos para fazer o óbvio da autoanálise e então a comunicação assertiva é que percebemos a diferença que isso faz.

Por isso, meu caro leitor, se pudesse oferecer um conselho, seria: não tenha medo de voltar ao início. Não continue insistindo no que deu certo para o seu concorrente, busque entender o que de fato *dá certo para você e para a sua empresa*. Dar o próximo passo é mais fácil do que voltar dois passos para buscar a peça que ficou faltando, portanto, arrisque-se, coloque-se ao lado dos corajosos. Depois disso, lembre-se: comunique a sua ideia para o mundo, faça questão de que entendam o seu valor. Se coloque como capaz de preencher a lacuna de alguém e, de fato, tenha um propósito em existir. Não seja mais um, encontre o que faz você especial e comunique isso em todos os seus canais e pontos de relacionamento com a equipe e o mercado.

Não deixe de lado o que realmente faz a diferença: a luz do seu olhar. Ele sempre vai ser o seu motor, ele é quem vai ser capaz de se perceber e perceber o outro ao seu redor. O seu maior diferencial sempre vai ser você! A sua bagagem, a sua percepção de mundo, o seu coração, a sua necessidade! Não se anule.

Ao se enxergar sem as lentes do outro, você vai conseguir encontrar a necessidade que falta no mundo e que você tem de sobra e, assim, nascerá uma linda ideia. Quando essa ideia surgir, comunique-a, coloque um "outdoor no mundo" para que saibam que você existe.

Por fim, não acredite no que diz o espelho da arrogância. Não crie, produza, gere e comunique para você, faça isso pelo mundo e pelo outro. A falta do outro é a sua abundância. Existimos como um grande conglomerado de complementaridade, de faltas e excessos que se preenchem como um grande quebra-cabeça. Você só precisa encontrar e ser a peça certa para alguém!

Preparamos um ambiente especial e on-line para que você possa testar o que aprendeu neste capítulo. Acesse o link a seguir e mergulhe em uma gamificação exclusiva dos inquietos por natureza.

http://bit.ly/inquietos06

07

É PRECISO FAZER O BÁSICO
BEM-FEITO

Marcos Alexandre é líder em empresas desde 1998 e começou a empreender no mercado industrial de embalagens em 2005. Além do mercado industrial, **Marcos Alexandre** é fundador de empresas no setor de tecnologia e educação e investidor em startups. Também é autor do best-seller *O código dos negócios extraordinários* (2023).

© Rafael Tavares

MARCOS ALEXANDRE

Quero começar a nossa troca aqui contando uma história pessoal que aconteceu entre 2015 e 2018. Naquele momento eu tinha uma empresa e ela havia tido um grande crescimento até então, porém com total dependência de tudo o que eu fazia. Eu tomava as decisões, estava presente em todos os momentos, decidia cada pequeno ou grande passo que era dado e isso acabou colocando uma sobrecarga muito pesada em meus ombros.

Conforme a empresa foi crescendo, essa carga foi também aumentando, fazendo com que eu deixasse de ser um empresário que cuida, entende e realiza e passasse a ser um empresário cansado que não sabe mais como seguir tomando decisões assertivas.

Meu foco era fazer com que a empresa crescesse, mas a falta de gestão de pessoas e processos começou a refletir no caixa principalmente em meio às crises políticas e econômicas que o país enfrentava. A situação era caótica e eu me vi repensando todas as decisões que tomei ao longo de minha carreira como empreendedor.

Para que pudesse melhorar esse cenário, tive que fazer uma verdadeira revolução em mim mesmo e em minha empresa. Em primeiro lugar, revi a minha cultura pessoal e os meus comportamentos. Depois, apliquei na empresa os métodos que havia aprendido em cursos e formações e comecei a me surpreender com os resultados. Eles não estavam aparecendo apenas em mim, eles apareciam em todas as pessoas que me acompanhavam.

Recoloquei o meu negócio no caminho da prosperidade e deleguei para o time que continuasse tocando a partir de todas as mudanças que havíamos feito juntos. Como resultado, todo esse processo deu certo e hoje não preciso mais estar 100% presente porque a implementação da metodologia que utilizei faz com que a engrenagem do meu negócio consiga funcionar sozinha. Agora tenho mais tempo livre para focar a construção de outros negócios em novos segmentos.

É claro que sei e entendo que essa jornada, quando escrita de maneira resumida, parece muito simples, entretanto foram decisões difíceis que precisei tomar e que exigiram muito trabalho e dedicação para que dessem certo. Então, caso você tenha interesse e queira saber um pouco do que apliquei em meu negócio, fique aqui porque conversaremos sobre esse assunto a partir de agora.

Para muitas famílias, vejo que a abertura de um negócio é a representação do sonho da independência financeira, de poder ter uma renda melhor, uma nova casa, a compra ou troca do carro, comprar sem questionar tanto o preço, a possibilidade de uma educação melhor para os filhos, novas viagens e muitas outras conquistas.

Enfim, na abertura de um negócio estão a esperança e o sonho por dias melhores. Porém, a realidade é que nem sempre esse sonho se realiza e, para muitos, ser dono do próprio negócio se torna angustiante. Isso acontece desde a gestão de pessoas, vendas, finanças, tributos até a organização dos processos.

Infelizmente, a maioria dos empreendedores não consegue ter lucro e trabalha pela sobrevivência, usando o caixa da empresa para as despesas pessoais. São pessoas que tocam o negócio dia após dia, com muito esforço e sacrifício. E confundem receita com lucro, um dos erros que mais percebo nos negócios atuais. Em resumo, a falta de cultura que começa principalmente pelos donos, a falta de gestão financeira, de processos básicos e comerciais são as principais causas dos problemas dos empreendedores. E tudo isso fica ainda mais evidente devido ao cenário de burocracias e crises que são externas e não podem ser controladas.

Para que você possa olhar a situação com um novo olhar e checar se você se identifica com alguma dessas circunstância, vou listar a seguir algumas afirmações que mais observo em empreendedores atualmente.

1. Não posso tirar férias e sinto que sou escravo do trabalho em alguns momentos;
2. Chega o fim do mês e não sobra dinheiro;
3. O quinto dia útil é um caos em minha vida;
4. Faço a antecipação de recebíveis;
5. Preciso negociar com bancos, fornecedores e até com clientes;
6. Acho muito difícil lidar com a concorrência desigual;
7. Existem desentendimentos conjugais no trabalho e esses problemas estão presentes também em minha casa;
8. Meus filhos reclamam que trabalho muito e não tenho tempo para eles;
9. Falta comprometimento para a sucessão: meus filhos enxergam e escutam os problemas da empresa e, agora que cresceram, não querem dar continuidade ao trabalho que realizo;
10. Estou tendo crises de ansiedade ou estou deprimido;
11. Sinto que existe uma enorme sobrecarga provocada pela centralização e dificuldade para delegar.

Caso você tenha se identificado com algum – ou alguns – desses sintomas, saiba que você não está sozinho. É bem provável que você se sinta frustrado, impotente e sem saída. Talvez até mesmo já esteja conformado com a situação por pensar que todos os empreendedores estão no mesmo barco que você.

Pela minha experiência, vejo que existem algumas causas que são muito importantes para tudo o que você está passando agora. A primeira delas é que você não foi educado para entender que o fato de trabalhar por conta própria não o isentaria de prestar contas das suas atitudes diárias. Quem empreende não tem um chefe, um líder para se apresentar e, por isso, acaba deixando a gestão em segundo plano. Tenho certeza de que, se você tivesse que mostrar os seus números para um superior todos os dias, os resultados seriam diferentes. Em outra análise, quero trazer aqui que muito provavelmente você trabalha muitas horas, mas infelizmente não produz resultados significativos que refletem essa quantidade de trabalho.

Outro ponto que percebo muito latente nessa falta de resultados em relação aos empreendedores é o fato de que não aprendemos a empreender em nossa casa nem estudando ao longo da vida. Nos ambientes em que crescemos, pouco se falava sobre empreendedorismo, sobre criação e gestão de negócios de sucesso.

Por fim, existe também um último fator que é imprescindível nessa falta de resultados no negócio: muitos empresários empreendem por *necessidade* e não por *oportunidade*. Parece muito simples, mas esse fator influencia enormemente os negócios que fazem ou não sucesso em nosso país. E quem empreende por necessidade em geral não se prepara para isso e acaba cometendo erros por falta de conhecimento de soluções, assim como vimos nas causas anteriores.

Sendo assim, quero que você guarde muito bem isso: o sucesso do empreender está diretamente conectado a fazer o *básico bem-feito*. Não podemos aceitar o trabalho que entregamos em nossa empresa como medíocre, assim como não podemos aceitar essa palavra para nos caracterizarmos. Não podemos deixar que a nossa equipe esteja dentro da média. É preciso treinar o time exaustivamente para que empreender seja menos doloroso e sem sofrimento.

Por isso, acredito que os pilares para um bom negócio são: cultura pessoal, gestão e processos, finanças e vendas. Se fizer o básico de cada um desses pilares e colocar tudo isso em prática, você não estará no estado de *sobrevivência*, mas sim de *prosperidade*. Com liberdade financeira e de tempo!

Separei, portanto, dois passos que falam sobre tudo isso que conversamos até agora e quero que você comece a aplicar em seu negócio a partir de hoje. São eles:

1. Liderança pessoal

É imprescindível cuidar de sua liderança pessoal. Para isso, você precisará fazer uma autoanálise sobre si mesmo em relação à cultura pessoal e precisará corrigir o que não estiver funcionando para que tenha sucesso em seu negócio.

Cuide da sua comunicação para que ela seja exemplar e faça a "venda" para o time da cultura e da estratégia que você possui. A preferência aqui é que você tenha um propósito forte e consiga transmitir isso, pois só assim construirá um legado para a humanidade.

2. Pilares da gestão

Os pilares são: cultura empresarial (gestão de pessoas), gestão por processos e indicadores, vendas com metodologias compatíveis com o modelo do negócio e finanças. Estude sobre cada um desses itens e aplique em sua empresa.

Como material complementar, para que você possa aprender mais sobre isso, minha sugestão é que faça a leitura do livro *O código dos negócios extraordinários*, em que falo sobre como foi a minha jornada em meus negócios no dia a dia e qual foi a metodologia que apliquei para que pudesse sair do lugar-comum e seguir em direção ao sucesso. Acima de tudo, com essa leitura você entenderá como poderá buscar a felicidade empreendendo.

Sendo assim, quero que você saiba que merece ser feliz e recompensado pela ousadia em empreender. Você gera empregos e movimenta a economia do país. Isso é maravilhoso! Tenha orgulho da jornada que está trilhando e saiba que você pode virar o jogo a seu favor para que tenha mais tempo e seja mais feliz com o seu negócio.

Pense que, caso você escolhesse ter sucesso em uma carreira no mercado de trabalho, para isso você precisaria treinar, estudar e se preparar muito. Exatamente assim você deve pensar sobre os seus negócios. Por que não aplicar tudo isso no que você está construindo? Utilize essa mesma força essencial para que possa mudar completamente tudo o que está fazendo até agora.

Saia da prisão de não fazer o que precisa ser feito. A sua liberdade só depende de você e é muito mais simples do que você imagina. Como você gostaria que as pessoas se lembrassem de você e de suas empresas após a sua morte? Com orgulho e deixando um legado com propósito e ótimos resultados? Ou pelas suas falhas e fracassos? Pense sobre isso! Mude a sua vida!

Por isso, comece hoje mesmo a construção de uma nova história e amplifique seu legado!

Preparamos um ambiente especial e on-line para que você possa testar o que aprendeu neste capítulo. Acesse o link a seguir e mergulhe em uma gamificação exclusiva dos inquietos por natureza.

http://bit.ly/inquietos07

LIDERANÇA, INOVAÇÃO

08

SEJA UM CAMALEÃO NOS NEGÓCIOS

Asshaias Felippe é CEO da Arena Solintel que controla as empresas Solintel, Moga Telecom, OPA!, Tars, Telcont, VLSM e Walled Garden. Atua há mais de quinze anos no mercado de telecomunicação com a fundação da Solintel aos 22 anos. Fundador do pool Solintel Bossa, o primeiro comitê de investimentos em negócios inovadores para resolver os problemas do setor de telecomunicações.

Seus negócios impactam nove milhões de domicílios, 27 milhões de indivíduos e 1 milhão de empresas por meio dos serviços ofertados para os provedores regionais de internet banda larga fixa por fibra óptica.

É casado, pai de três filhos e tem como objetivo pessoal ser feliz e não ter razão. Profissionalmente, o seu objetivo é internacionalizar os negócios para todo o mundo. Nascido em Paranavaí (PR), o seu principal hobbie é navegar ao lado da família.

© Bruno Benitz

#liderança
#adaptação

ASSHAIAS
FELIPPE

No mundo dos negócios, você prefere ser um camaleão ou um touro? Sem contexto nenhum, sei que essa pergunta pode parecer um tanto quanto jogada, entretanto quero que você faça essa reflexão rápida neste primeiro momento e guarde a sua resposta, pois conversaremos mais sobre isso ao longo das próximas páginas.

Liderar, muitas vezes, causa o sentimento de ser um lobo solitário. O líder se encontra em uma posição em que, se os resultados não são atingidos pelo grupo, consequentemente há impacto no desempenho em todas as áreas da companhia. Isso é mais frequente do que imaginamos. Você se sente assim ou já passou por isso? Pela minha experiência, já passei e vi inúmeros exemplos. E talvez você não tenha parado para analisar, mas existe uma grande diferença entre um agrupamento e um grupo.

Enquanto o agrupamento reflete pessoas que estão fazendo mais do mesmo sem o espírito de equipe e de time, o grupo contém pessoas que acordam todos os dias com o mesmo objetivo, com a mesma missão. As pessoas que fazem parte de um grupo são colaborativas, deixam o ego de lado e são humildes. Têm responsabilidade extrema. Em outras palavras, possuem uma habilidade comum de camaleão, ou seja, adaptam-se rapidamente ao ambiente. "Mudam de cor" para atingir o resultado. Camuflam-se quando necessário para ouvir mais do que falar. Escutam as pessoas com o objetivo de compreender e não de responder. Entregam-se na totalidade e são construtivas em direção às soluções. Agora você já tem uma pista do motivo pelo qual iniciei o capítulo com aquela provocação, entretanto ainda destrincharemos mais o assunto.

Certa vez, tive que me afastar das minhas empresas por motivos pessoais. Quando retornei às atividades, por um momento, achei que não seria mais possível retomar as rédeas e devolver a cultura, o DNA, "o motivo do motivo do motivo do motivo do motivo" da jornada, afinal, não é sobre a linha de chegada. A inteligência do grupo é maior do que o mais inteligente no individual. Em 3 meses consegui ouvir toda a liderança, entender os motivos e desenvolvi a gestão 360° aproveitando as sinergias e coloquei em prática a gestão participativa. Enfim, retomei a cultura e o envolvimento de todos em direção ao mesmo objetivo. Os resultados começaram a aparecer em 6 meses após o meu retorno.

Outro grande dilema que todo empreendedor ou executivo enfrenta diariamente é o desafio de como perpetuar os negócios. O que se faz hoje, não é o que vai levar você para o próximo nível. Muitas empresas morrem todos os dias porque não entraram no jogo infinito. Isso significa que, se você não criar um ecossistema dentro da sua companhia, desenvolver cada vez mais novos "remédios" para novos problemas, o seu negócio está fadado ao fracasso. Se sua empresa não está crescendo, ela está morrendo.

Com a miscelânia de gerações dentro das organizações, está cada vez mais desafiador conduzir o grupo para seguir na direção do mesmo resultado comum. Times que performam geralmente estão sempre alinhados no mesmo objetivo. Então é preciso ser camaleão todos os dias, afinal de contas gerações diferentes têm expectativas distintas, tempos distintos e lidam com os problemas de maneira distinta.

Por isso, a capacidade de se adaptar se torna cada vez mais urgente. Um líder não pode ser o mesmo com pessoas distintas, é necessário transitar nos vários estilos de liderança para alcançar os resultados. Liderar é liderar. Quando nasce um verdadeiro time, isso se dá porque o líder inspira, é inquieto por natureza, é o exemplo. Isso faz com que os seguidores surjam como membros de equipe mais confiáveis e contribuintes.

Já para perpetuar, precisa ter o corpo fechado. Nas touradas espanholas todos torciam para o touro, e, enquanto o toureiro não morria, a realização das pessoas não se satisfazia. Então cuidado, afinal de contas a natureza da humanidade é torcer para o touro.

Pensando agora sobre ser um camaleão ou um touro, o que você prefere?

Existe, portanto, um monte de gente infeliz querendo que você seja infeliz. As pessoas desejam o que o outro possui ou ambiciona. Ter o domínio de si próprio e ser dono do seu tempo contribui para a liberdade e a independência para cada vez mais criar soluções únicas. Então não seja apaixonado pelo produto que tem hoje para oferecer e sim pelo problema que seu negócio quer resolver.

Pela minha experiência, também percebo que, na solidão empreendedora, os sentimentos chegam a beirar o desespero. Sentir que está construindo e olhar para o agrupamento e ver que tem um monte de gente destruindo é desanimador. No entanto, o fluxo do raciocínio humano é o pensamento que gera um sentimento que resulta em uma ação. Esse triângulo precisa estar fechado.

A mentalidade forte, a consistência e a constância com picos de intensidade geram a energia necessária para criar um grupo. É sobre frequência, sinergia e sonho grande. Transferir sentimentos de positividade contribui para o time também fechar o triângulo. Quando ele está aberto, sempre há espaço para falhas no fluxo de comunicação e ação do time. Lembre-se também de ter cuidado com o autoboicote, afinal de contas abrir os sensores da mente para o que frutifica e fechar os sensores que destroem deve ser um exercício diário. É preciso responsabilidade. E responsabilidade extrema nada mais é do que disciplina.

Perpetuar é o maior desafio de qualquer empresa. Afinal, na era da revolução da informação que estamos vivendo temos uma velocidade frenética de mudança e somos bombardeados por informações constantemente. Nesse sentido, o hiperfoco se torna cada vez mais necessário no nosso dia a dia. E, para que o negócio não pare de evoluir, pense que, para todo problema, existem no mínimo duas soluções, então é necessário oferecer soluções para clientes que, muitas vezes, nem sabem que precisam. É como dizemos no mercado: os pioneiros bebem água limpa. Vejo que existem dois principais motivos que geram o sentimento de lobo solitário que muitos empreendedores e executivos sentem. O primeiro é o próprio ego. Reconhecer os próprios erros, as fragilidades, os medos e as inseguranças nos traz um autoconhecimento suficiente para agir como "sniper". Muitas vezes, temos apenas um arco, uma flecha e um alvo. Então, para não desperdiçar a sua tentativa, é preciso estar muito preparado. O segundo motivo é a falta de compartilhar com o grupo esses sentimentos. Muitas vezes é fundamental gerar catarse, ou seja, compartilhar o que está enfrentando com o time para trazer para a consciência os "porquês".

O caminho para perpetuar o seu negócio

Perpetuar negócios é uma arte que pode ser desenvolvida. Para virar mestre em qualquer coisa, é preciso pelo menos 10 mil horas de treino e repetição. Os atletas de alta performance focam isso. Então, para criar o seu ecossistema, é fundamental buscar oportunidades em lugares que ninguém está enxergando. Negócios longevos são resultado da capacidade de estender a visão, construir uma junção e criar uma solução improvável. Sorte é o encontro da capacidade com a oportunidade, e estar preparado sempre contribui. Quando a oportunidade chega, é preciso que seja aproveitada e agarrada com unhas e dentes. E se habilidades são desenvolvidas por meio do conhecimento, é importante que você sempre aumente o próprio repertório.

Sendo assim, aqui quero provar para você que entre o touro e o camaleão, você precisa escolher ser um camaleão. O sucesso de todo empreendedor depende de ter essa habilidade. O camaleão é um réptil da família de lagartos que existe há 100 milhões de anos e o seu nome significa "leão da terra". É conhecido pela habilidade de trocar de cor, por sua língua rápida e alongada, pelos seus olhos que se movem independentemente um do outro, pela sua visão 360° e, por fim, pela sua cauda preênsil, ou seja, capaz de se agarrar em alguma coisa.

Pois bem, quando analisamos as competências de um camaleão, observamos que ele se diferencia dos demais répteis e possui singularidade em suas aptidões. E é assim que você deve se comportar como empreendedor ou executivo de um ou mais negócios. Ter flexibilidade, mudar rapidamente, conhecer profundamente o negócio e o mercado, ou seja, os *stakeholders*, possuir uma liderança situacional, e, fundamentalmente, uma alta capacidade de se comunicar com os vários entes inerentes aos negócios.

Sendo assim, separei três itens que são importantes para que você reflita e consiga ter sucesso em seu negócio. São eles: *escolha vencer*, *prepare-se para a dor do crescimento* e *valorize a caminhada*. A partir de agora, falaremos sobre cada um deles e trarei um pouco das minhas percepções sobre o assunto.

Escolha vencer

Como falei anteriormente, a natureza do ser humano é torcer pelo touro, mas algumas pessoas nascem escolhendo não perder. Veja que escolhi trazer exatamente essa expressão: *não perder*. Não é vencer, é apenas não perder. Foram criadas assim e isso não é nenhum demérito. Elas só precisam trazer para a consciência que têm essa essência e está tudo bem.

Outras pessoas escolhem vencer. Essas pessoas assumem a responsabilidade, são "pau pra toda obra", lutam por um propósito, por um objetivo, por um sonho! Mas essas pessoas pagam determinados preços, muitas vezes na calada da noite, porque não desistem. Em dias de chuva, dias de sol, nos dias que dá vontade de sumir, elas continuam ali, em pé, mesmo que às vezes abatidas pelos golpes tomados dos adversários. Outros dias são elas que golpeiam e se sobressaem nas disputas. E quem são os nossos adversários? Os desafios, os conflitos, a falta de apoio, as dificuldades burocráticas e outros fatores que fazem parte do dia a dia dos negócios.

Por isso, quero que você escolha vencer. Essa é uma jogada que fará com que você esteja entre os maiores.

Prepare-se para a dor do crescimento

Nem sempre estamos preparados para crescer, até porque crescer dói.

Por incrível que pareça, na maioria das vezes, os nossos adversários estão mais próximos de nós do que imaginamos. Sim, muitas vezes estão do nosso lado, na nossa família, no nosso trabalho, nos nossos pares. Estão ao nosso lado. Mas nem sempre estão jogando conosco na mesma frequência e na mesma sintonia. Aí nos perguntamos: "Por que isso?". Respondo: isso acontece porque as pessoas, muitas vezes, querem que as coisas deem certo, mas não querem pagar o preço por isso.

E quando olham outras pessoas ao lado delas, que tiveram os mesmos desafios, as mesmas dificuldades e também as mesmas oportunidades, e as veem crescendo, subindo degraus, no trilho e sinalizando os primeiros resultados, fruto do plantio, que na maioria das vezes foi feito na mesma calada da noite que, em alguns momentos, deu vontade de desistir. Tudo isso as incomoda.

As pessoas não veem o plantio, o regar, o semear. Elas olham o sucesso. Mas por que o sucesso das pessoas que estão ao nosso lado incomoda? Porque a natureza do ser humano é torcer pelo touro! Infelizmente, precisamos ter cautela ao expor as nossas vitórias e a felicidade para os outros. E mesmo nos piores dias, temos que manter a disciplina de ainda assim sorrir, sem deixar transparecer nossos problemas.

Valorize a caminhada

Não existe linha de chegada, o que importa é a caminhada, a jornada. O sucesso incomoda inclusive àqueles que mais nos amam. Às vezes por proteção, às vezes porque nos querem perto, às vezes porque um dia sonharam com o sucesso, mas não escolheram vencer. Crescer dói, mas é recompensador.

Então lembre-se de que amanhã é um novo dia. Depende de nós afastar com respeito quem não contribui com o todo. E focar os desafios mais importantes para se aproximar dos resultados que escolheu ter.

Como um material extra, quero deixar três leituras para que você tenha contato com o que transformou a minha forma de enxergar o mundo e de trabalhar. São elas:

1. *Execução* – Larry Bossidy e Ram Charan

Aborda a importância da tríplice coroa no dia a dia, que nada mais é do que estratégia, processos e pessoas. Um livro transformador.

2. *Responsabilidade extrema* – Jocko Willink e Leif Babin

Aqui eles contam como os navy seals lideram e vencem, compartilhando os aprendizados na guerra do Iraque. No final, apenas faça.

3. *Jogo infinito* – Simon Sinek

Ele norteia como perpetuar os negócios começando pelo porquê. Não podemos escolher o jogo. Não podemos escolher as regras. Só podemos escolher como vamos jogar.

O primeiro marco que transformou meus resultados foi fazer uma autoanálise da variância que sofria com a constância, consistência e intensidade nas minhas atividades. O motivo que fazia com que eu sofresse em muitos períodos durante a jornada, quando a minha energia e a minha frequência caíam era: eu não sabia qual era o meu porquê.

Observei que, quando eu compartilhava com as pessoas próximas os grandes resultados obtidos, em um curto espaço de tempo acontecia essa queda na minha produtividade. Então comecei a entender que as pessoas mais próximas eram as pessoas que, quando eu compartilhava o sucesso, geravam um pensamento de inveja e de alguma maneira queriam se aproveitar dele.

Comecei, então, a estudar neurociência e psicanálise aplicada a negócios. Entendi o quanto é importante fechar o corpo e controlar as emoções ao longo da jornada. Entendi que a exposição do sucesso, das conquistas, da vida pessoal e da intimidade tanto nos negócios como na vida pessoal gerava um movimento inconscientemente tóxico. Isso porque os meus radares e o meus sensores estavam todos abertos a todo instante. E controlá-los se tornava cada vez mais fundamental para que, quando estivesse diante de uma situação de conquista, começasse a bloquear os sensores e não deixasse mais a energia negativa entrar.

Já em um momento de grandes desafios, permitia que os radares certos fossem acionados para captar onde estavam as oportunidades possíveis diante daquele problema. As vitórias e as conquistas se celebram sem exposição. Os obstáculos e os desafios se enfrentam como equipe e se compartilham para que, com a visão de inovação aberta, encontre-se mais de uma oportunidade por problema.

Por isso, refletir sobre o touro e o camaleão é sempre desafiador. Até porque, para começar a colocar em prática, é fundamental deixar o ego de lado. Desaprender para aprender de novo. O primeiro passo é fazer uma autoanálise. Uma reflexão profunda de como você está se expondo tanto na sua vida pessoal, como na sua vida profissional. Até porque sabemos de vários casos de pessoas que entraram em depressão pela alta exposição nas redes sociais. A vida não é um mar de rosas, e, portanto, quando se expõe em excesso vira para si o alvo de geração de energia e de pensamentos que não ajudam a construir, mas sim destruir.

A todo momento, e de maneira inconsciente, as pessoas querem nos tirar do foco. Por isso, há mais de dois anos exclui a minha conta do WhatsApp. Isso mesmo, você não leu errado. Quando fiz a análise, descobri que 80% do que tomava meu tempo no aplicativo era lixo. No entanto, entendo a necessidade da ferramenta para a realidade atual, então criei um número para divulgar e tenho um profissional dedicado que trabalha diretamente comigo filtrando as mensagens que chegam nesse número. Mais do que nunca, precisamos proteger e otimizar o nosso tempo. Para isso, a comunicação quanto mais assertiva e direta, melhor.

Para ser camaleão é necessário entender que a omissão é uma forma de participação. Que 80% da nossa comunicação é não verbal. Que a ausência nunca tem razão. Que tudo me é lícito, mas nem tudo me convém. Que só deve se discutir o erro inédito. Que os inegociáveis são inegociáveis. E que a empresa e a cultura sempre são soberanas às pessoas. Não torne desértica a sua história.

No fim das contas, é fundamental entender que empreendedorismo só se constrói com o "fazedorismo". Planejar as estratégias quietos e inquietos por natureza. Sem exposição desnecessária que possa gerar ameaças. Execução ágil nunca foi tão fundamental como nos dias de hoje. É preciso errar rápido, corrigir rápido e tentar de novo. Formar um grupo, um time que deve ser treinado constantemente e acompanhado de perto semanalmente.

Acredite quando digo que é melhor treinar o seu time e perder algumas pessoas ao longo da jornada, do que não treinar e essas pessoas ficarem. Soldados ficarão pelo caminho. Esforço você agradece, resultado você remunera. Começar é mais importante do que estar certo. Antes feito do que perfeito. Sair e praticar a hora bar, ou seja, trocar experiências com outros empreendedores e executivos. Relacionar-se com outras empresas e outras pessoas. Não queira ter razão, no final das contas o importante é ser feliz.

Preparamos um ambiente especial e on-line para que você possa testar o que aprendeu neste capítulo. Acesse o link a seguir e mergulhe em uma gamificação exclusiva dos inquietos por natureza.

http://bit.ly/inquietos08

09

CONQUISTE RESULTADOS EXCEPCIONAIS POR MEIO DA GESTÃO DA MUDANÇA

Natural de Volta Redonda (RJ), **Fernando Moulin** é um dos principais especialistas brasileiros em transformação digital, inovação e gestão da experiência do cliente. Com mais de vinte e cinco anos de atuação no ramo, atualmente é *partner* da Sponsorb, empresa boutique de business performance focada na geração de receitas incrementais extraordinárias para seus clientes por meio da transformação digital e de dados. Foi executivo em grandes empresas multinacionais e brasileiras, ocupando posições de liderança globais, regionais e locais.

Professor de pós-graduação em escolas como ESPM e INSPER, **Fernando** é cofundador da Malbec Angels, mentor de startups, colunista de veículos de comunicação, palestrante TEDxSãoPaulo e foi eleito, em 2022, para o Hall of Fame da Associação Brasileira de Marketing de Dados (ABEMD).

É vascaíno, apaixonado por pessoas, viagens, leituras, mergulho e fotografia. Procura sempre adotar um olhar transformador e positivo em tudo o que faz.

©Arquivo pessoal

#projetosdeinovação
#agilidade

FERNANDO MOULIN

A real diferença entre um delírio e um projeto, quando sonhamos grande, é a capacidade de colocar em prática o nosso ideal e atingir resultados substanciais. Porém, pela minha experiência, posso afirmar que essa conquista só ocorrerá quando formos capazes de agregar outras pessoas, empresas e sonhadores a nossa visão, fazendo com que tenhamos defensores do propósito pelo qual estamos trabalhando. E para isso, precisamos ser o exemplo. Por esse motivo, quero começar o nosso momento aqui com uma reflexão: **como podemos transformar as ideias e sonhos em projetos concretos e planos de ação que gerem resultados efetivos a partir de um mero desejo por mudança?**

Para que você tenha uma ideia melhor sobre isso, quero apresentar alguns dados. Você sabia que até 95% dos projetos de inovação falham ou não conseguem ser implantados?[13] E que se acredita que 75% das empresas listadas no S&P 500 em 2017 terão desaparecido até 2027?[14] Além disso, estudos mostram que diversas carreiras irão desaparecer em breve por causa da tecnologia, em uma escala nunca antes vista.[15] Ou seja, as empresas e os profissionais em geral precisam urgentemente inovar, para não serem condenados à irrelevância, desemprego ou inexistência.

Percebo que essa é uma das maiores dificuldades para empreendedores, executivos, *founders* de startups e profissionais em geral. As dores de execução normalmente passam por dimensões como: tangibilizar o propósito em um projeto concreto com atividades, subatividades, etapas integradas e coordenadas em um plano de ação coeso e sustentável; mensuração de resultados e gestão baseada em dados com melhoria contínua; criação de uma cultura realmente voltada para a transformação constante; criar inovações que efetivamente causem impacto prático e escalável e não sejam somente "projetos de laboratório".

Outro problema que é muito comum nessa seara é a dificuldade de engajar outras pessoas da organização – e fora dela – em seu projeto de transformação. É difícil contar com o apoio na implementação da mudança vislumbrada, seja ela corporativa ou da própria carreira. Com meus clientes,

13 ANDRIOLE, S. 3 Main Reasons Why Big Technology Projects Fail - & Why Many Companies Should Just Never Do Them. **Forbes**, 25 mar. 2021. Disponível em: https://www.forbes.com/sites/steveandriole/2021/03/25/3-main-reasons-why-big-technology-projects-fail---why-many-companies-should-just-never-do-them/. Acesso em: ago. 2023.

14 HILLENBRAND, P. *et al.* Traditional company, new businesses: The pairing that can ensure an incumbent's survival. **McKinsey & Company**, 28 jun. 2019. Disponível em: https://www.mckinsey.com/industries/oil-and-gas/our-insights/traditional-company-new-businesses-the-pairing-that-can-ensure-an-incumbents-survival. Acesso em: ago. 2023.

15 PATI, C. Estas profissões podem acabar até 2030 (ao menos para os humanos). **Exame**, São Paulo, 2 dez. 2017. Disponível em: https://exame.com/carreira/estas-profissoes-podem-acabar-ate-2030-ao-menos-para-os-humanos/. Acesso em: ago. 2023.

percebo que a dificuldade é a criação de uma cultura que fomente a gestão da mudança de maneira contínua, programática e escalável. E por isso é tão importante entender os processos por trás da gestão da inovação, dos gatilhos motivadores e de estímulos (pessoais e profissionais) para que se possa encontrar os melhores caminhos e superar as inércias organizacionais.

Se analisarmos os detalhes, é possível perceber que o ritmo das transformações ocorridas nos negócios e na sociedade em geral jamais foi tão intenso quanto agora. Apesar de ser lugar-comum em qualquer discussão de roda de bar ou nos meios corporativos em geral, é genuíno afirmar que empresas e empreendedores de todos os ramos de atividade ou porte de negócio se deparam, portanto, com imensas resistências e barreiras para implementar mudanças e inovações.

Esse conflito intrínseco entre a necessidade premente de se transformar e a dificuldade para que essa mudança seja bem-sucedida causa imensas fricções em todas as esferas da existência humana, afetando a qualquer um de nós profissionalmente e às mais diversas organizações, sejam elas multinacionais gigantescas, entidades da sociedade civil ou mesmo esferas da administração pública.

Por isso, não saber implementar projetos concretos de inovação e ser pouco capaz de realizar a gestão da mudança de maneira produtiva causa inúmeros prejuízos financeiros, emocionais, técnicos e profissionais. *Gaps* nessa competência-chave impedem o sucesso em escala mais ampla nos negócios e na própria vida, em um mundo em que a única certeza é que a acelerada mutação acontecerá cada vez mais rápido e continuamente.

Esse cenário traz impactos devastadores para os profissionais e pessoas que desejam implementar uma verdadeira cultura de inovação. Apesar de todo o otimismo, foco e pragmatismo necessários para o sucesso desses esforços, a verdade é que esses líderes se sentem cada vez mais ansiosos, pressionados, deprimidos, incompetentes, ineficazes, pouco realizados e inseguros.

O conflito interno entre a necessidade de mudança e a incapacidade de conseguir transformar com efetividade, rapidez e resultados se soma à pressão externa pelo êxito e à pressão exercida pela própria competitividade do mercado, causando impactos devastadores na psiquê e na própria carreira dos profissionais e empreendedores que lideram programas de transformação. Casos de depressão, abuso de drogas e dependentes (lícitos ou ilícitos) se juntam abundantemente aos relatos de insucesso e desejo de desistir da própria carreira.

Ademais, ainda que a pressão por inovar e por mudar para atingir nossos sonhos pessoais e profissionais seja lógica, compreendida racionalmente e fundamental para o sucesso nos tempos atuais, a verdade é que nosso cérebro não foi biologicamente programado para "mudar", mas sim para "manter" as coisas como são. Além disso, não recebemos nas escolas ou mesmo nas empresas, em geral, capacitação e treinamentos para sermos líderes mais inovadores e capazes de implementar transformações com alto impacto. Assim sendo, é natural que acabemos não tendo as competências necessárias para chegar lá – mas saiba que isso é possível de ser aprendido e implementado.

Para que se possa entender o tamanho do problema ao não solucionar tudo isso, podemos encontrar matérias que dizem que se estima que 12 bilhões de dias de trabalho por ano sejam perdidos por questões de saúde mental, que afeta 15% dos trabalhadores no mundo.[16] Ansiedade é o problema de saúde mental que mais afeta os trabalhadores brasileiros,[17] 85% dos líderes acreditam que o principal obstáculo para a criação de uma cultura de inovação efetiva é o *medo*.[18]

Sendo assim, em tempos de contínua transformação, o sucesso do líder inovador consiste em extrair o melhor das pessoas e tecnologias em prol de uma missão que realmente transforme o statu quo, gerando resultados concretos, positivos e de alto impacto junto aos transformados pela mudança – seja essa missão algo que impacte toda a humanidade, uma organização qualquer ou sua própria trajetória de vida.

O detalhamento da missão (ou sonho) em um projeto necessitará de um acompanhamento minucioso na implementação. A eficiência desse processo causará entusiasmo, permitirá a mensuração e o acompanhamento dos resultados obtidos pelos envolvidos. E assim, progressivamente, será possível que todos propaguem, por meio da comunicação programática, os resultados da mudança. E pouco a pouco o sonho virará realidade.

Costumo dizer que, para que átomos gerem novas moléculas, e essas moléculas gerem novas substâncias, há a necessidade de estar em *movimento* o tempo todo. Como manifesta um dito atribuído a Leonardo da Vinci: "Do mesmo modo que o metal enferruja com a ociosidade e a água parada perde sua pureza, assim a inércia esgota a energia da mente".

Portanto, nosso passo a passo incorpora uma metodologia progressiva e continuada de 10 passos para a gestão da inovação e mudança com sucesso em linha com esses conceitos, necessidades e dores. Vamos ver sobre cada um dos passos?

16 ROCHA, L. Cerca de 15% dos trabalhadores no mundo possuem transtornos mentais, diz OMS. **CNN**, São Paulo, 28 set. 2022. Disponível em: https://www.cnnbrasil.com.br/saude/cerca-de-15-dos-trabalhadores-no-mundo-possuem-transtornos-mentais-diz-oms/. Acesso em: ago. 2023.

17 ANSIEDADE é o transtorno mental que mais atinge os profissionais. **VocêRH**, 13 dez. 2022. Disponível em: https://vocerh.abril.com.br/saude-mental/ansiedade-e-o-transtorno-mental-que-mais-atinge-os-profissionais/. Acesso em: ago. 2023.

18 FURSTENTHAL, L.; MORRIS, A.; ROH, E. Fear factor: Overcoming human barriers to innovation. **McKinsey & Company**, 3 jun. 2022. Disponível em: https://www.mckinsey.com/capabilities/strategy-and-corporate-finance/our-insights/fear-factor-overcoming-human-barriers-to-innovation. Acesso em: ago. 2023.

1. Autorreflexão e entendimento do propósito pessoal para a mudança

Liderar a gestão da mudança e implementar projetos de inovação exigirá muito esforço, árdua dedicação, e poderá causar enormes desconfortos em terceiros ao longo da jornada. Sabemos como as coisas são quando o processo de mudança inicia, mas não sabemos como e quando elas terminarão. Você deseja, de fato, ser esse agente? Com qual propósito? O que almeja obter ao fim desse processo?

2. Desenho do *framework* de visão do futuro

Como estará o seu sonho ao fim da implantação da inovação ou mudança desejada? Qual é o estado final vislumbrado? Quais objetivos serão atingidos? Quais resultados e metas serão conquistados? Quem participará da mudança ao seu lado? Como as pessoas se sentirão com essa conquista? Por que quererão fazer parte da construção desse sonho?

Esta etapa tem como objetivo o desenho do cenário futuro, contemplando múltiplos *stakeholders* e recursos envolvidos, bem como a definição concreta do problema a ser resolvido.

3. Detalhamento das atividades de projeto

Este passo é fundamental para que possamos sair do estado atual e chegar ao estado "ahá" (futuro) sonhado. É o desenvolvimento da solução.

4. Mapeamento dos *stakeholders* e recursos

Faça o mapeamento dos *stakeholders* e recursos necessários para o sucesso do projeto de mudança, sejam eles financeiros, humanos, intelectuais, técnicos, temporais etc.

5. Entendimento dos impeditivos e plano de redução de riscos

Faça também um mapeamento das barreiras às mudanças e transformações e faça a construção de um plano de mitigação dos riscos. É preciso entendimento das possíveis razões pelas quais a mudança desejada poderá não ocorrer, seguido da construção de um plano de ação concreto para eliminar ou reduzir esses riscos.

6. Metas e indicadores

Faça a definição das metas e dos indicadores de acompanhamento da performance e evolução dos resultados (principais indicadores qualitativos e quantitativos que deverão ser definidos, monitorados e evoluídos ao longo do projeto de transformação).

7. Plano de comunicação

Faça um plano de comunicação, multiplicação e concretização do sonho (como irá engajar as pessoas e divulgar coletivamente as mudanças em progresso, até o sucesso final).

8. Validação da solução

É preciso validar a solução que está sendo implementada com seus usuários/clientes em potencial. Essa validação deverá ser contínua durante a execução do projeto e seus inputs servirão como pontos essenciais de ajuste da proposição de valor.

9. Implementação

Implementação completa do projeto de transformação, após testes-piloto e MVPs (produtos mínimos viáveis).

10. Celebração da conquista

Tenha rituais de celebração do sucesso, planejamento dos próximos passos e atividades para manter o novo statu quo atingido.

Para que você possa entender sobre o poder desse método, quero contar dois cases diferentes: um de transformação corporativa, e outro de mudança de carreira.

O primeiro é sobre a implementação do que, provavelmente, tenha sido o maior programa de transformação digital do Brasil, em uma empresa na qual tive o privilégio de exercer papel de protagonismo na condução do projeto.

Haviam ocorrido diversas tentativas anteriores de implantação do programa de transformação, que acabaram falhando. A abordagem acima, implementada com consistência e de maneira incansável ao longo de alguns anos com estrutura colegiada e em toda a empresa, possibilitou que essa organização pudesse atingir alguns bilhões de reais de resultados financeiros incrementais decorrentes da digitalização, bem como índices de satisfação dos clientes progressiva e continuamente melhores ao longo dos anos. Os profissionais envolvidos, em sua quase totalidade, hoje se encontram em posições de liderança e destaque dentro ou fora da organização e tiveram um profundo impacto positivo em suas carreiras por participar do projeto. A liderança executiva apoiou o projeto e o ajudou a se concretizar, em uma escala outrora inimaginável.

A segunda história consiste na transformação de um mentorado, que havia tomado decisões equivocadas e com consequências negativas por anos ao longo de sua trajetória e me procurou em um momento de profundo desespero e insatisfação com sua carreira. Ele estava com incapacidade de realizar seus sonhos, tinha dificuldades financeiras e afins. Essa abordagem multifuncional proposta em 10 passos possibilitou a ele, mesmo após vinte anos de carreira, recomeçar profissionalmente em outra trajetória com cada vez mais sucesso e autorrealização. E isso aconteceu não apenas em sua vida profissional, como também na vida pessoal ao deixar de fumar, emagrecer e buscar hábitos mais saudáveis no dia a dia – complementando holisticamente sua transformação.

Dessa maneira, quero que você pense que nunca houve tanta informação e recursos, globalmente, para tentarmos realizar os nossos sonhos de vida e profissionais com excelência e muita alegria. O passo a passo proposto reúne tudo o que aprendi em vinte e cinco anos de experiência implementando programas de transformação dos mais variados tamanhos e com as mais diversas culturas, para tentar de algum modo contribuir e multiplicar esse conhecimento para todos os que almejam ter mais felicidade e realização em suas carreiras e propósitos de vida.

A verdade é que ser um agente positivo de mudança e um campeão da inovação não é algo destinado a poucos visionários iluminados, inacessível para os "mortais comuns" como nós. **Conquistar ainda maior sucesso em sua carreira e projetos profissionais e pessoais é treinável, factível e ajudará você a se sentir mais feliz, realizado e pleno. O mundo precisa do que somente você traz dentro de si, para ser um lugar melhor e mais justo.**

Então, não deixe para amanhã a prática dessas soluções em seu dia a dia, seja no trabalho, seja na família ou na vida em geral. Seus talentos são muito maiores do que seus medos e o mundo precisa da inquietude e brilho de sua natureza interior!

Preparamos um ambiente especial e on-line para que você possa testar o que aprendeu neste capítulo. Acesse o link a seguir e mergulhe em uma gamificação exclusiva dos inquietos por natureza.

http://bit.ly/inquietos09

10

TENHA ATITUDE E SURFE A ONDA DA INOVAÇÃO

Jornalista por formação, mentor por opção e escritor e palestrante por pura paixão. **Alysson Costa** é cristão, pai de três filhos e treinador com vinte e cinco anos de profissionalismo dedicados ao ramo da comunicação.

Estrategista, especialista em criação de esteira de produtos digitais, treinador comportamental, palestrante e treinador internacional, investidor-anjo, hipnoterapeuta e autor de *Atitudenow: A direção do sucesso* (2023) e coautor das obras *O sucesso é treinável* (2020) e *Pessoas precisam de pessoas* (2022), livros best-sellers também publicados pela Gente.

Criador do movimento ATITUDENOW, **Alysson** defende que o mundo não é feito de escolhas, mas sim de *atitudes*. Ele acredita que o mercado digital é a porta para quem quer buscar liberdade geográfica e sustentabilidade financeira, mas que os resultados só virão se você deixar de ser uma mera engrenagem e começar a ser o combustível do motor que faz o mundo girar.

Alysson hoje é mentor de mentores e sua história é o exemplo de que a *atitude* é a mola propulsora para grandes mudanças de vida.

ALYSSON
COSTA

Vivemos em uma era de constantes mudanças e adaptações. Por isso, quero que você pare aqui um momento e se pergunte: e o seu mercado, querido leitor, será também impactado por esse novo momento?

Enxergar o futuro é uma das maiores dificuldades dos empreendedores, seja qual for o segmento ou tamanho da empresa. Historicamente, vimos grandes marcas serem extintas pelo simples motivo de que os líderes não entenderam – ou não buscaram entender – as mudanças que o mundo vinha passando. Quer alguns exemplos?

A extinta Kodak não se rendeu ao advento das máquinas digitais e acabou fechando as portas;[19] a Xerox não percebeu que as copiadoras estavam ganhando as residências e acabou ficando obsoleta.[20] A Blockbuster teve a possibilidade não só de entrar, como de comprar a empresa que virou a gigante dos streamings (Netflix), mas acreditou que aquela "onda" não emplacaria e acabou sucumbindo.[21] Apenas com esses três casos, que são notórios e amplamente conhecidos no mercado, podemos entender o quanto o empreendedor precisa viver em dois tempos cronológicos ao mesmo tempo: o *presente*, para fazer com que a produção continue girando; e o *futuro*, para entender tendências e não se tornar obsoleto.

No Brasil, o processo de industrialização tem menos de cem anos e os avanços em todos os setores da cadeia produtiva são notoriamente percebidos. Agora entenda: se chegamos até aqui sem grandes ferramentas tecnológicas, imagine o que está por vir? Será que estamos prontos para viver a nova revolução? Será que o seu negócio está pronto?

Vale reforçar que o mundo está em constante evolução, o tempo não para e os esforços de crescimento tecnológico apresentam novas ferramentas que podem ser utilizadas como aliadas ou como armas de destruição todos os dias. Já tivemos o *boom* da industrialização e o *boom* do digital, e vejo que estamos às vésperas de viver o *boom* tecnológico, impulsionado pela tendência crescente e inevitável das inteligências artificiais (IAs).

Sim, o tema ainda é polêmico, gera discussões, mas não dá para frear o jato do crescimento tecnológico. Aliás, o que mais se vê hoje em dia, especialmente se você tem um celular em sua rotina diária de trabalho, são novos

19 A HISTÓRIA da Kodak: Como ela foi de uma das empresas mais inovadoras a falência. **StartSe**, sem data. Disponível em: https://www.startse.com/artigos/kodak-de-uma-das-empresas-mais-inovadoras-a-falencia/. Acesso em: ago. 2023.

20 MEYER, M. A história da Xerox, aquela que não quis ser a maior do mundo. **Oficina da net**, 30 nov. 2018. Disponível em: https://www.oficinadanet.com.br/historiasdigitais/24341-a-historia-da-xerox. Acesso em: ago. 2023.

21 COMO a falência da Blockbuster tornou a Netflix a maior empresa de mídia do mundo. **StartSe**, sem data. Disponível em: https://www.startse.com/artigos/como-a-falencia-da-blockbuster-tornou-a-netflix-a-maior-empresa-de-midia-do-mundo/. Acesso em: ago. 2023.

aplicativos, portais e softwares que nos apresentam infinitas possibilidades de criação usando IAs.

Nesse sentido, há algum tempo um comercial de televisão ganhou destaque, pois unia no mesmo vídeo duas artistas da música brasileira: a mãe já falecida Elis Regina, e a filha Maria Rita, cantando a mesma canção.[22] O cinema já começou a utilizar imagens de figurantes escaneados e fazer a produção de roteiros de filmes por meio da tecnologia para diminuir os custos com as produções. E isso desencadeou, inclusive, uma greve dos roteiristas da maior indústria cinematográfica do mundo.[23]

Por isso, eu diria que praticamente todos os segmentos receberão impactos positivos e negativos desse novo processo de crescimento. Já se fala em profissões inteiras deixando de existir, ao mesmo tempo que outras estão nascendo com o processo vertiginoso de crescimento da tecnologia. E não, não estamos falando sobre teoria do caos. Historicamente analisando, profissões nascem e são extintas a cada década. Portanto, o que paira no ar agora é se essa transformação não irá desencadear demissões em massa e possíveis grandes crises econômicas, já que os impactos certamente serão sentidos de maneira mais forte na base da pirâmide social que abriga os profissionais com menores salários, mas que são a imensa maioria da população.

É claro que, ao mesmo tempo, é preciso estar atento ao quesito *liberdade* de expressão, de ir e vir e até mesmo de privacidade. O avanço tecnológico é tão acelerado que fica até difícil acreditar que não estamos sendo monitorados vinte e quatro horas por dia. E se você tem um dispositivo inteligente em casa, daqueles que chamamos pelo nome e pedimos dicas, informações etc., você sabe bem do que estou falando. Se não, faça um teste e comece a pedir informações sobre determinado produto, valores, locais ideais para compra, custo-benefício e assim por diante. Em seguida abra o seu celular, entre em uma rede social e role a tela. Eu *garanto* que você receberá inúmeras ofertas sobre o mesmo produto que pesquisou.

Se essa avalanche de mudanças já vem acontecendo, por que muitos não se preparam? É simples! Comodismo e falta de busca por conhecimento. O ser humano é procrastinador por natureza. Desde que saímos das cavernas nós buscamos criar comodidades para dirimir esforços e tornar a vida cada vez mais confortável. Não que isso seja ruim, pelo contrário, porém aquele mesmo homem que saía da caverna para matar um urso e alimentar a família, hoje pede a comida em casa, já preparada, quente, sentado

22 Volkswagen do Brasil. VW 70 anos | Gerações | VW Brasil. **YouTube**, 03 jul. 2023. Disponível em: https://www.youtube.com/watch?v=aMI54-kqphE. Acesso em: ago. 2023.

23 PACETE, L. G. Entenda o impacto da IA na greve de roteiristas de Holywood. **Forbes**, 14 jul. 2023. Disponível em: https://forbes.com.br/forbes-tech/2023/07/entenda-o-impacto-da-ia-na-greve-de-roteiristas-e-atores-de-hollywood/. Acesso em: set. 2023.

no sofá embaixo da coberta, e é fato que isso faz com que as dificuldades sejam cada vez mais evitadas.

Trazendo essa analogia para o mundo empresarial, se você se acomodar em seu *modus operandi* e não sair de vez em quando para buscar informações de como se "matará o urso" da próxima década, pode ser que ele chegue "sem avisar" e engula o seu negócio. E não existe regra de tamanho para a quebra. Diariamente, pequenas, médias, grandes e até gigantes do mercado quebram porque não se adaptam às mudanças que ele *exige*. Esse fator é tão primário que está na síntese da própria teoria da evolução de Darwin. Uma frase moderna que explica bem o conceito é: "Quem vai sobreviver não é o mais forte nem o mais inteligente, mas sim quem tiver maior poder de adaptabilidade".

Sendo assim, a solução é mais simples ainda e está no título dessa obra que está em suas mãos: é preciso *ser um inquieto*. Quem se acomoda morre a cada dia. Quem segue o mesmo processo por anos, sem nenhum tipo de mudança e/ou adaptação, está fadado ao fracasso. Agora imagine quem vira as costas para as novas tecnologias? Esses estão realmente fora deste planeta.

O empresário inquieto confia em seus processos e, ao mesmo tempo, desconfia se não existe algo melhor que possa ser implantado para gerar melhores resultados. Ele está em constante busca por evolução: se informa, faz treinamentos, é humilde para se sentar na cadeira de aluno e aprender. E acima de tudo, tem a certeza de que o mais importante não é fazer a mesma coisa todos os dias durante séculos, mas sim causar transformação na vida do cliente todos os dias durante séculos. Se para isso for preciso reconstruir tudo, perfeito, o trajeto pode mudar, contudo o destino continua sendo o mesmo.

De fato, para que você não seja atropelado pela inovação, separei alguns passos e reflexões que deixarei a seguir.

Mantenha-se informado!

O primeiro passo para continuar vivo é se manter informado. Para isso, é preciso sair do escritório. Existem hoje feiras tecnológicas e futuristas acontecendo em todo o mundo, e nelas é possível antever tendências que estarão presentes no mercado em, pelo menos, cinco anos, ou seja, você estará atuando agora, porém já se preparando para as inovações que estão em estudos e serão brevemente implantadas.

Para o empresário "barriga no balcão", isto é, aquele que mal consegue sair da operação, fica mais difícil enxergar as mudanças, porque apenas pela janela do escritório não dá para ver o futuro. Nesse sentido, é fato que algumas cadeias têm vantagens em comparação a outras. Os famosos startupeiros, por exemplo, são notoriamente mais ligados nesse movimento do futurismo, e dificilmente são pegos despreparados quando aparece uma inovação.

Já os mercados mais históricos e engessados certamente terão mais dificuldade em antever mudanças. No Brasil, um mercado específico tem dois extremos: o nosso agronegócio que é, na minha opinião, o maior potencial do país. Ele tem ao mesmo tempo um grupo extremamente tecnológico e preparado para produzir qualidade por meio da tecnologia e uma grande massa que ainda produz de modo arcaico, obsoleto e que segue as mesmas regras, hábitos e manias de dezenas de anos atrás.

Esteja presente!

A segunda forma de não ser atropelado pelo trem da inovação é fazer parte de grupos de discussão ou entidades representativas. O empresário que entende que o "concorrente" pode ser um aliado de crescimento do mercado consegue discutir processos e antever mudanças, gerando crescimento não só para ele, como para a cadeia como um todo.

Os tropeços fazem parte do processo!

O terceiro passo é entender que o fracasso, os tropeços e erros fazem parte do processo de crescimento. Eu mesmo já vi vários amigos empresários desistirem de implantar sistemas inovadores que alterariam processos e resultados ao encontrarem as primeiras dificuldades. O empreendedor, desde a etimologia da palavra, tem que estar pronto para correr riscos e ser resiliente para aceitar pequenas quedas que o tornarão mais forte e gerarão maiores resultados.

Quem dá apenas passos do tamanho da própria perna precisa se acostumar com resultados também do mesmo tamanho. *Seus resultados são do tamanho dos seus passos.*

Em 2020, no início da pandemia da covid-19, vivi exatamente esse processo sobre o qual acabamos de falar. Aliás, não só eu, mas o mundo todo sofreu o impacto da aceleração da inovação e tecnologia. Não gosto da frase que repetem o tempo todo: "A pandemia mudou o mundo", porque, na verdade, o mundo muda a todo segundo, todo dia. E o que a pandemia fez foi acelerar os processos e transformar dez anos de inovação em 10 minutos. Ou você estava pronto ou teria que encará-la mesmo não estando.

No meu caso, quando as portas do mundo se fecharam, eu era um repórter de TV em um jornal agro, de difusão nacional, na capital goiana. Imagine a cena: o jornalismo é uma profissão de primeira necessidade, já que é ele que leva as informações pertinentes à população diariamente. Mas, na editoria em que eu estava, o agro, a situação se complicava ainda mais. Primeiro porque o homem do campo já é historicamente desconfiado; segundo porque esse mesmo homem do campo costuma ser ultrazeloso com a saúde, já que ele sabe que o sustento da empresa dele advém de boas práticas de sanidade animal ou de plantio. Resultado: as porteiras se fecharam, ninguém nos recebia mais e, em menos de vinte dias de lockdown, nosso programa foi extinto e todas as equipes espalhadas pelo Brasil foram demitidas, inclusive eu.

O ponto positivo, no meu caso, é que sou um inquieto por natureza e, desde 2017, um mercado específico me chamava muito a atenção: o mercado digital. Eu já lia muito, fazia treinamentos, saía para imersões, e quando a covid fechou um dos mundos que vivíamos, eu já tinha minha uma "casinha" montada no outro, e o digital fez com que eu crescesse minha rentabilidade cerca de 25x durante o período pandêmico. Percebe como precisamos estar bem-informados para que possamos antever os problemas?

Você já ouviu esse ditado: "Enquanto uns choram, outros vendem lenços"? Pois é, a pandemia causou exatamente esse efeito. Muitos se desesperaram, demoraram a reagir e acabaram quebrando. Outros, que já estavam mais preparados, utilizaram as ferramentas disponíveis para fazer com que os negócios alavancassem de vez.

Agora me diga: você vai esperar outra pandemia para ser obrigado a se mexer? Por que não se preparar agora? Começar a gerar o movimento que fará com que você seja a pessoa e/ou empresa a disruptar o mercado?

Se hoje a tendência é o crescimento do mercado de inteligência artificial, por que não buscar o conhecimento, criar algo, lançar uma ferramenta própria ou, no mínimo, entender como essas que já existem estão sendo aplicadas em seu segmento? Bora tirar a barriga do balcão e enxergar o mercado sem ser pela janela do escritório?

Há dois anos eu participo de uma das maiores feiras de inovação e tecnologia do mundo, o Web Summit, em Portugal. Para o meu mercado, educação digital, as tendências e novidades que consigo enxergar durante os dias do evento me fazem saltar muito à frente dos meus concorrentes diretos. Como você tem se movimentado nesse sentido? Faça uma autoavaliação e, se a nota que der a si mesmo no quesito busca por novidades estiver abaixo de 7, pode começar a colocar seu CNPJ de molho.

Por isso, procure ser o empreendedor que surfa a onda da inovação, *seja inquieto*. É impossível barrar a evolução do mercado, então quando algo novo surgir, aprenda como utilizar da melhor forma, faça com que as mudanças sejam suas aliadas e não suas inimigas.

Um martelo pode ser usado para pregar um prego ou para matar alguém, mas ele não deixou de ser utilizado apenas porque alguém mal-intencionado ou despreparado não soube como aproveitar o melhor dele. Ferramentas são recursos que, se bem-utilizados, exponencializam resultados.

Então se você quer o meu conselho: seja você também um inquieto, busque sempre estar à frente do mercado, surfando a onda das novidades e alterando os processos antes que eles envelheçam. Isso certamente o diferenciará em seu nicho e manterá a sua linha de sobrevivência no segmento que está sempre em crescimento.

Vejo você nas próximas feiras e eventos. Até lá!

Preparamos um ambiente especial e on-line para que você possa testar o que aprendeu neste capítulo. Acesse o link a seguir e mergulhe em uma gamificação exclusiva dos inquietos por natureza.

http://bit.ly/inquietos10

11

PROBLEMAS? FUJA DAS SOLUÇÕES ÓBVIAS

Top Voice no LinkedIn, **Murilo Moreno** é sócio da Sequoia Estratégia e Marketing, consultoria de empresas na área de estratégia e marketing, além de professor da Escola Superior de Propaganda e Marketing (ESPM) e Fundação Getulio Vargas (FGV). Foi diretor de marketing na Nissan e gerente de publicidade na Fiat.

MURILO
MORENO

Quer saber a verdade? Existem problemas em todas as empresas. Independentemente do segmento, da área de atuação, do time de colaboradores, da cultura e dos resultados alcançados, os desafios e contratempos sempre vão aparecer. O que acontece, entretanto, é que a capacidade de encontrar soluções criativas para enfrentá-los faz com que algumas empresas se destaquem enquanto outras não saem do lugar. Já parou para pensar sobre isso?

A grande questão é que, quando um problema surge, torna-se urgente resolvê-lo para que o negócio continue funcionando. Contudo, muitas das vezes, essa urgência é o que faz com que a solução adotada, apesar de parecer adequada, não seja realmente a ideal. Para piorar, a velocidade da vida atual nos leva a tomar o primeiro caminho que aparece, pois as redes sociais e a internet geraram uma pressão por velocidade que reflete em todas as esferas do cotidiano, o que tende a nos levar a uma forma de análise das situações muitas vezes superficial. Nas empresas, esse novo contexto gera um efeito ainda mais devastador na atuação dos gerentes recém-promovidos.

Acostumados a tomar decisões técnicas nas suas funções anteriores, a nova função exige que esses gerentes passem a ser profissionais capazes de trazer resultados por meio de seus subordinados. Essa mudança de comportamento é a fórmula para um desastre empresarial: profissionais pressionados pelos superiores para que encontrem soluções que deverão ser implementadas por seus colaboradores. Tudo isso no menor espaço de tempo possível e com um grau de criatividade que, se cumprir todos esses requisitos, será o trampolim para as próximas promoções.

Em outras palavras, percebo que a maioria dos profissionais não são preparados pelas suas empresas para essa mudança. As inseguranças são totais, então, quando se deparam com um problema, tomam um de dois caminhos: ou encontram a primeira solução e a aplicam o mais rápido possível para "ir para frente"; ou buscam ideias criativas que nunca são aprovadas pelos superiores. E isso gera uma série de consequências na área de atuação.

Aqueles que implementam o que primeiro surge na cabeça correm o risco de terem um problema maior no médio prazo, pois a solução pode não contemplar toda a profundidade da questão que querem solucionar – e algum detalhe não analisado pode trazer um novo problema, até mais profundo. Os que são criativos, mas não conseguem aprovar suas soluções, sofrem de outra maneira. Sentem-se desvalorizados pela empresa que normalmente sonha com profissionais que pensem fora da caixa, mas que não aceita o novo quando as ideias são apresentadas.

Assim, por um lado temos profissionais cheios de expectativa e por outro, profissionais cheios de insegurança. As melhores oportunidades de crescimento na carreira começam a aparecer na frente deles, mas a falta de experiência e preparo parece pesar na hora que precisam botar a mão na massa. Na grande maioria, são pessoas que se destacaram pela qualidade técnica e que, de um momento para outro, precisam deixar essa experiência de lado e passar a administrar pessoas e definir como elas irão trabalhar tecnicamente. A função não é mais *fazer*, mas fazer com que os *outros façam*. Isso demanda outros conhecimentos, que normalmente não chegam ao mesmo tempo em que a promoção acontece.

A vontade de resolver faz com que gerentes recém-promovidos tenham urgência em solucionar o mais rapidamente possível os problemas que aparecem a sua frente. Nada mais perigoso. Tomar uma decisão por pressão do tempo é escolher a primeira solução, aquela que todos teriam apontado. E aí começa a diferença entre o profissional mediano e o bom profissional. Saber descartar soluções fáceis é a característica dos gerentes criativos.

Estamos, então, falando de dois formatos de se encarar um problema e como eles podem ser nocivos: ou corro e, por isso, implemento a primeira opção, que não necessariamente é a melhor; ou analiso profundamente e gero uma solução criativa que choca as pessoas e impede a aprovação dela.

É bem provável que você se sinta nessa encruzilhada em diversos momentos ao longo de sua carreira. A maior parte dos profissionais acaba optando pela primeira solução, a mais óbvia e que resolve a questão a curto prazo. Isso faz com que, em pouco tempo, o problema volte, vestido de outra forma. Você resolve a questão de resultado financeiro e as vendas caem no médio prazo. Você corta custos, eliminando certos detalhes do produto, e o cliente deixa de considerar seu produto superior ao dos concorrentes.

A pressa é a pior conselheira. Mas as ideias disruptivas são assustadoras para a maioria das empresas. Desse jeito, o gerente acaba vivendo de crise em crise, grande parte das quais ele mesmo cria.

Sendo assim, a capacidade do profissional em resolver e implementar soluções criativas reside em três passos simples e importantes: (1) diminuir a velocidade do pensamento, o desejo da resposta imediata; (2) descartar as soluções iniciais, permitindo encontrar outras mais profundas e criativas; e (3) antecipar as objeções que essa ideia criativa enfrentará, fazendo o levantamento das respostas às barreiras que você consegue mapear previamente para aumentar as chances das soluções criativas serem implementadas.

Ter a capacidade de dizer que a resposta irá demorar a ser encontrada, abrir mão das soluções que aparecem com facilidade e exercitar a capacidade de antecipar as objeções são três comportamentos que indicam uma demora na tomada de decisão. E, embora seja uma proposta que vai na direção contrária ao que costumamos encontrar no dia a dia das empresas, a minha experiência mostra que é o caminho que um gerente precisa tomar para encontrar a solução definitiva do problema que tem diante de si.

Eu sei que a pressão do tempo nos leva a querer nos livrar dos obstáculos com rapidez e nos liberar para as próximas questões que aparecem a cada momento. Mas existem problemas e problemas. Entender a profundidade e os impactos de cada um é a primeira fase para encontrarmos a solução correta. Então temos dois pontos conflitantes: a pressa em encontrar a resposta *versus* a necessidade de tempo para entender o problema. Por isso, separei a seguir algumas reflexões em relação aos passos que comentei.

Passo 1: Desacelerar o pensamento

O primeiro passo, então, deverá ser desacelerar o pensamento. Dar-se o direito de olhar a questão por todos os ângulos, analisar as implicações que são pouco óbvias, entender a causa raiz, ou seja, aquele motivo na base que gerou a questão a ser resolvida.

O diagnóstico da questão é talvez mais importante do que a sua própria solução, pois o risco é de se resolver a consequência e não a causa. Não se contentar com as primeiras descobertas vale para se ter a profundidade necessária na solução do problema.

Passo 2: Descartar as ideias óbvias

Aliás, descartar os primeiros pensamentos é o fator fundamental para chegar às soluções criativas. Habitualmente, as primeiras ideias que aparecem são aquelas do senso comum, aquelas que você e seu concorrente teriam de primeira e que acabam sendo adotadas por conta da necessidade de se passar rapidamente para a próxima questão.

Se são óbvias, então você não conseguirá criar uma estratégia de diferenciação eficiente da empresa, afinal, estará apenas fazendo o que todo mundo espera. Infelizmente, não é fácil descartar ideias que parecem boas. É contraintuitivo. Mas é o que precisamos fazer se queremos forçar nossas mentes a encontrar soluções realmente disruptivas. Criar o hábito de jogar fora boas ideias é uma característica de pessoas realmente fora do quadrado.

Passo 3: Preparar a defesa das soluções disruptivas

Por último, ideias disruptivas tendem a ser mortas no nascimento por superiores acostumados a verem os riscos e não as oportunidades. Para evitar isso, é preciso aprender a pensar como eles, não para matar as próprias ideias, mas para chegar na reunião de aprovação com boas respostas para cada objeção, de modo a vencer as negativas que estarão por vir. Por isso, antecipar os motivos da desaprovação, mostrando o porquê da solução ser a ideal, é o terceiro e mais importante passo na aprovação de soluções disruptivas.

Para ilustrar melhor o tema, quero apresentar um case bem famoso no mercado e que mudou completamente o jogo de um negócio.

No início dos anos 2000, a Fiat já havia subido do quarto para o segundo lugar em vendas de automóveis no Brasil, mas ainda existia um certo preconceito contra a marca. Ela tinha o maior índice de rejeição das marcas nacionais. Enquanto seus concorrentes tinham mediamente 3% de rejeição, a Fiat alcançava astronômicos índices de até 16%.[24] Os consumidores achavam que os carros da marca eram menos resistentes e mais frágeis, embora a verdade fosse que a qualidade dos seus produtos estava no mesmo patamar das demais marcas concorrentes.

A solução adotada, então, foi criar uma campanha mostrando situações de preconceito do dia a dia: racismo, sexismo, etarismo, situações em que hábitos modernos passavam por rejeição devido a preconceitos explícitos ou velados. Todos os envolvidos na aprovação dessa ideia foram, de início, contra uma campanha que poderia trazer para a empresa um grande risco. Entretanto, oito meses de estudo mostraram que a Fiat precisava romper a barreira emocional das pessoas. Elas precisavam dar uma chance à marca.

Os riscos eram grandes, mas os potenciais ganhos também. Para garantir o sucesso da iniciativa, foram estudados todos os pontos de atrito que a campanha poderia gerar, tanto dentro da empresa, quanto com os consumidores, que serviram como parâmetros para adaptar a comunicação. Em vez de pegar um atalho para uma campanha tradicional de carro, que tenta vencer a resistência por meio de fatos racionais, a empresa decidiu ir pelo caminho mais difícil. Assim nasceu a campanha "Está na hora de rever seus conceitos", de relançamento do Fiat Palio. Ela entrou no ar no mês de setembro de 2000. A marca virou líder do mercado dois meses depois.[25] Sei disso porque fui o responsável por essa campanha e lutei contra todos os "nãos" que recebia, usando exatamente os três pontos apresentados.

O melhor conselho que posso dar é: fuja do tradicional, do caminho fácil, das soluções pouco elaboradas. Na vontade de ser uma máquina de resolver problemas e, com isso, trazer resultados rápidos para a empresa, a gente acaba escolhendo a forma mais simples, a análise superficial para solucionar as questões que aparecem na nossa frente.

O verdadeiro profissional resolvedor de problemas é aquele que não se contenta com as leituras óbvias, com as informações básicas. Em uma empresa, tudo se conversa. A solução que você adota aqui, reflete em outros departamentos e divisões e impacta todo o processo até a chegada do produto ou serviço ao cliente. Se não analisarmos isso, podemos gerar problemas em outras áreas que, como bumerangue, voltarão para nós mesmos.

Então, para ter o verdadeiro sucesso, a análise precisa ser detalhada, sem pressa e considerando todos os desdobramentos. Isso não se faz adotando a primeira e fácil ideia que aparece na primeira rodada de discussão. **Ter a disciplina de dar tempo ao pensamento, descartar as armadilhas das respostas prontas e entender que é sua missão descobrir quais as objeções**

24 CHRAIM, M.; SILVEIRA, S. W.; CUNHA, C. E. P.;PEREIRA, M. F. **Visão e essência da marca Fiat: Análise da Repercussão no Brasil da Mudança Mundial**. Dissertação (Mestrado em Engenharia de Produção) - Universidade Federal de Santa Catarina, 2002.

25 Associação Brasileira de Marketing e Negócios. Rio de Janeiro, 2001.

que sua ideia vai receber são os passos para ser mais criativo e crescer na sua jornada.

Fiz a minha carreira não aceitando o óbvio como solução. Várias vezes tive que me esforçar mais do que o normal para convencer meus chefes a se arriscarem comigo em ideias que pareciam estranhas à primeira vista. Ganhei prêmios e reconhecimento ouvindo a mesma pergunta repetidamente: *como você faz para aprovar esse tipo de ideia?* Minha resposta também segue a mesma em todas as ocasiões: Nunca achei difícil. Era só uma questão de saber seguir os passos que estão aqui para você. Agora chegou a sua vez. Boa sorte na sua jornada!

Preparamos um ambiente especial e on-line para que você possa testar o que aprendeu neste capítulo. Acesse o link a seguir e mergulhe em uma gamificação exclusiva dos inquietos por natureza.

http://bit.ly/inquietos11

VENDAS

12
MAIS QUE UM VENDEDOR

Ben-Geder é palestrante, empresário e advogado. Atua há mais de vinte e cinco anos no mercado, já treinou mais de 40 mil profissionais de vendas e criou o Método Arena de Vendas, que ensina em todo o Brasil.

Possui especialização internacional em vendas na Chrysler, Jeep e Dodge (Estados Unidos) e Renault (França), além de especialização em atendimento premium Louis Vuitton (França). É especialista em master speakers e mentorado por Roberto Shinyashiki, fundador do Instituto Gente. Em sua lista de clientes estão: Jeep, RAM, Renault, VITAO, Fiat, Nissan, BMW autos e Motorrad, Triumph, Honda autos e motos, Porsche, Chevrolet, Massey Ferguson, Caoa Chery, Hyundai, Toyota, Volkswagen e outras.

Sua missão é transformar a vida das pessoas por meio de uma visão disruptiva em vendas e atendimento a partir de experiências práticas e reais que são motivadas pelo encantamento dos clientes com excelência, paixão e alegria em servir.

#vendas
#vendascomresultados

BEN-GEDER
TRINDADE

Se você trabalha com vendas e quer dar certo na vida, ter sucesso e reconhecimento, ser feliz realizando os seus sonhos e os da sua família, acelerar as suas conquistas, conquistar oportunidades, sair da estagnação, ser aceito e ouvido, ganhar dinheiro e conquistar o mundo, saiba que você chegou ao capítulo certo. É sobre tudo isso que iremos conversar a partir de agora!

No mundo das vendas, fico indignado com a repetição de histórias que mais parecem com um disco arranhado e travado na mesma parte de uma música. Em outras palavras, percebo que o círculo vicioso, que leva ao fracasso e às derrotas para as pessoas que trabalham com vendas, acaba sendo um lugar-comum no mercado de trabalho. Deixam de lado os sonhos, a saúde, a família e o casamento chega ao fim antes do tempo.

Muitos reclamam das desilusões, mas continuam na mesma zona de conforto destrutiva, sem desenvolver o seu propósito e conseguir conquistar o mercado ao vender com resultados, e isso, muitas vezes, por desconhecimento ou ignorância da importância em ter um propósito claro e real. Talvez você esteja aqui porque é um profissional de vendas que não está conseguindo mudar a sua história, mas talvez esteja aqui porque conhece alguém que precisa desse conteúdo, qualquer que seja a situação, o fato é que **muitas pessoas não mudam a própria história porque ficam presas ao passado, à escassez ou à infelicidade.**

Em muitos momentos, vejo a estagnação. Em outros, percebo que são oportunidades não aproveitadas. Falta ação para mudar o modelo mental de autodestruição, falta saber administrar o tempo, que é muito precioso, barrando oportunidades e trazendo desmotivação. E por acreditar que todos podemos ser melhores, sei que precisamos amar o nosso momento profissional de modo incondicional e realizar os nossos sonhos a partir de alguns princípios: persistência, qualificação, entusiasmo, honestidade, excelência e fé em Deus em tudo o que fazemos.

Afinal de contas, se você está aqui é porque sabe da dificuldade de não conseguir conduzir a venda para o – tão aguardado – fechamento. Falta sensibilidade, percepção ou habilidades para criar uma experiência de compra para o cliente durante toda a jornada de venda. Como especialista na área, posso dizer que essa jornada precisa passar por: disponibilidade, paixão, atenção, exclusividade e apresentar os diferenciais dos seus produtos/serviços. Você está seguindo esses passos? As metas estão aqui, então é preciso cuidar de todas as etapas.

Vale reforçar, entretanto, que compreendo a complexidade dos desafios e as pressões enfrentadas pelos profissionais de vendas em seu dia a dia. A rotina é dinâmica e intensa, repleta de emoções e situações difíceis. Para que você entenda como sei exatamente pelo que está passando, quero mostrar duas situações comuns com as quais os profissionais de vendas frequentemente lidam.

1º Rejeição e desânimo

Um dos sentimentos mais comuns é a rejeição. É bem provável que você lide com muitas respostas negativas e objeções por parte dos clientes. E essa necessidade de lidar constantemente com as recusas pode ser emocionalmente desgastante e afetar a sua motivação.

2º Pressão para cumprir as metas

A pressão para atingir metas e objetivos é uma constante. A cada mês, um novo ciclo se inicia com novas metas que precisam ser alcançadas. É uma pressão ininterrupta que pode gerar ansiedade, estresse e um senso de urgência angustiante para entregar resultados. Isso sem contar a competitividade dentro da equipe de vendas e em relação à concorrência. Já passou por essa situação?

Alcançar as metas e contribuir para o sucesso da empresa e do negócio é um processo incansável, por isso esses dois fatores que prejudicam o desempenho e a saúde mental dos profissionais não podem ser ignorados. Ao contrário, enfrentá-los exige que desenvolvamos estratégias de enfrentamento e apoio emocional, além de reconhecermos e valorizarmos o esforço de quem trabalha neste mundo.

A cobrança constante, em um primeiro momento da liderança da empresa, mas também por parte do próprio mercado, da família e de você mesmo, acaba fazendo com que essa situação só piore. É uma pressão insana por resultados e a ansiedade para honrar com os compromissos pessoais e familiares são sufocantes. Afinal, é o vendedor quem faz o seu salário no fim do mês, não é? Dizemos isso porque, se não vende, não ganha, e assim recebe apenas o salário basal que costuma ser baixo. A consequência? Frustração, tristeza e fragilidade física e emocional. E sabe por que os resultados não chegam quando o assunto é vender bem? Eu acredito em duas causas e quero conversar sobre elas com você agora!

1ª causa: Falta de treinamento adequado e de habilidades

Você recebeu algum treinamento para trabalhar com vendas? É bem provável que não ou que o treinamento estava focado em produto e serviço sem viver a jornada do cliente. Em minha percepção, diria que 80% dos vendedores não receberam nenhum tipo de treinamento sobre a experiência do cliente para trabalhar nessa área. Muitas vezes, as pessoas começam a vender sem ter recebido nenhum treinamento completo e eficaz sobre técnicas de vendas e até mesmo sobre o produto que vendem. A falta de habilidades de comunicação, negociação e persuasão, quando combinadas com a falta de treinamento, pode levar a rejeições e a falta de resultados.

Sem as informações adequadas, muito provavelmente você não sabe identificar as necessidades do cliente para construir relacionamentos, o que acaba gerando inadequação e incapacidade de lidar com as situações desafiadoras que surgem no dia a dia.

2ª causa: Metas impossíveis e falta de apoio

Erga a sua mão se você já recebeu uma meta irreal que gerou uma pressão esmagadora em sua vida. Metas inatingíveis que, em geral, são acompanhadas da falta de direcionamento sobre como é possível alcançá-las. Em muitos momentos, a liderança deixa a desejar no apoio ao colaborador, o que pode aumentar a sua sensação de isolamento e pressão por resultados.

Sendo assim, caso você tenha se identificado com tudo o que eu trouxe até agora, quero que se acalme e saiba que é preciso ter consciência sobre a importância do processo de aprendizado contínuo na área de vendas. A ausência de um mentor ou de um sistema de suporte para orientar e compartilhar experiências aumentam a sua dificuldade em lidar com as rejeições e a pressão, por isso, a primeira decisão é entender que o desenvolvimento de habilidades ao longo do tempo é crucial para o seu sucesso.

As dificuldades que citei são comuns e fazem parte do processo de crescimento profissional. Porém é preciso buscar treinamento, adquirir conhecimentos e habilidades específicas, além de ter apoio emocional e técnico, atributos que, com certeza, irão ajudá-lo a superar os desafios e a enfrentar a pressão de maneira mais confiante, atraindo assim mais e mais negócios. Acredito que orientação personalizada, inspiração e suporte contínuo transformam objetivos aparentemente inalcançáveis em realizações tangíveis, impulsionando o sucesso nas vendas e nos negócios.

Nesse sentido, a inspiração é importante porque é um motor interno que impulsiona a persistência e a dedicação. Quando os membros da equipe são inspirados por líderes exemplares e histórias de sucesso, eles internalizam uma mentalidade de superação e resiliência. Por isso, essa inspiração constante reforça a crença de que os objetivos desafiadores podem ser alcançados, mesmo quando as circunstâncias parecem adversas.

Para impulsioná-lo nesse processo de crescimento, separei 2 passos e a sua aplicação para que você deixe de ser um vendedor comum que entrega o básico e passe a ser um vendedor vencedor, aquele que inspira a equipe e o mercado. Vamos falar sobre cada um deles?

Passo 1: transforme a rejeição em resiliência e motivação

Aqui o foco é enfrentar e superar os sentimentos de rejeição e desânimo que são comuns no mundo das vendas. Sabe o que fazem os inquietos por natureza? Eles canalizam a sua energia de maneira positiva, aprendendo a lidar com essas emoções e usando-as como combustível para a resiliência e a motivação. Para que você possa fazer isso, existem duas práticas importantes.

Prática 1: autoconsciência emocional

Quero incentivar você a reconhecer e aceitar as suas emoções, incluindo a frustração e o desânimo. Então preciso que você pare por um momento e internalize dentro de você que esses sentimentos são normais e fazem parte do processo de vendas. Sinta-se encorajado a praticar a autorreflexão para identificar os gatilhos dessas emoções.

Prática 2: reestruturação do modelo mental

Você precisa reavaliar suas crenças e seus pensamentos em relação à frustração diante das objeções e rejeições. É preciso adotar uma mentalidade de aprendizado diário, enxergando cada rejeição como uma oportunidade de crescimento e aprimoramento pessoal.

Sabe todas as vezes que suas vendas deram errado? Foram aprendizados para que você pudesse evoluir e melhorar! Sempre que uma venda não sair como esperado, quero que você volte aqui e tente tirar o melhor da circunstância para que possa avançar. Tenha isso sempre em mente e use essa ferramenta a seu favor!

Passo 2: gerencie a pressão e use as estratégias de resultado

Este passo aborda a pressão constante para cumprir metas, algo que, muitas vezes, pode levar ao estresse e à ansiedade. **Os inquietos por natureza podem – e devem – transformar essa pressão em um *impulso positivo*, usando estratégias eficazes para atingir e até mesmo superar as metas de vendas.** Como? A partir de duas aplicações. Vamos a elas.

Prática 1: metas realistas e desafiadoras

Quero que estabeleça metas que sejam verdadeiramente desafiadoras, mas também realistas e alcançáveis. Lembre-se de que as metas devem ser específicas, mensuráveis, alcançáveis, relevantes e com prazo (ou metas SMART) para que você tenha uma direção clara e objetiva.

Prática 2: divida as etapas e foque o processo

Tenha em mente que dividir as suas metas em etapas menores e melhor gerenciáveis é muito importante. Em vez de se concentrar apenas no resultado final, destaque a importância de focar o processo de vendas na melhoria contínua das habilidades e na execução consistente das tarefas necessárias para atingir o objetivo estabelecido.

Agora que você tem esses passos e práticas, quero que transforme de uma vez por todas a sua abordagem emocional diante dos "nãos" que ouviu ao longo do caminho. Adote autoconsciência emocional, reconheça e aceite as suas emoções, reestruture os seus pensamentos e enxergue oportunidades de crescimento onde antes só via dificuldades.

Acredite quando digo que, ao implementar esses passos, você estará melhor equipado para transformar os desafios nos propulsores do seu sucesso duradouro nas vendas. E sabe o que é melhor disso tudo? Você fará o seu trabalho com alegria e motivação!

Esse método sobre o qual falamos faz parte do meu processo de estruturação de vendedores vencedores, também chamado de Método Arena de Vendas. Com ele, já gerei mais de 8 bilhões de reais em faturamento em quatro anos de aplicação. É claro que não posso deixar de mencionar que esse resultado de sucesso se deve também à experiência criada aos clientes, afinal eles querem viver experiências antes, durante e depois da compra, sendo reconhecidos e aguardados como verdadeiros convidados para uma grande festa.

Inclusive, essa analogia sobre tratar os clientes como convidados para uma grande festa é brilhante e deve ser adotada em todo atendimento. Ela destaca a importância de fazer com que os clientes se sintam valorizados, especiais e parte de algo maior. É uma abordagem que não apenas aumenta a fidelidade do cliente, mas também cria defensores da marca, os famosos embaixadores que compartilham sua experiência positiva com outros potenciais clientes e geram um círculo virtuoso de boas vendas e resultados. É um verdadeiro legado!

Em geral, percebo que a combinação de abordagens emocionais, mentalidade positiva e foco na experiência do cliente é a base para o sucesso impressionante alcançado por esse método, que não apenas gera resultados tangíveis e comprovados em termos de faturamento e vendas, mas também cria uma base sólida para crescimento e prosperidade de todos no negócio. E tudo isso por conta da transformação de mentes e corações de todas as equipes.

Para fecharmos, quero que você saiba que, além de ser um ótimo vendedor, você precisa ser o arquiteto do próprio sucesso. Cada etapa representa uma oportunidade para você moldar a sua jornada rumo aos resultados extraordinários, então lembre-se de que não basta apenas compreender as estratégias, é preciso construir a estrutura da realização por meio de ação consistente, dedicação e resiliência.

Como material complementar, adoraria deixar duas leituras para que você possa se inspirar e se motivar. São elas: *O maior vendedor do mundo*, de

Og Mandino;[26] e *Hábitos atômicos*, de James Clear.[27] São leituras essenciais para que você possa trabalhar as suas habilidades e vender melhor para que tenha mais resultados.

E não se esqueça: tenha comprometimento e consistência. Decida-se firmemente que está comprometido a seguir o passo a passo. O sucesso, muitas vezes, é construído por meio de pequenos passos consistentes ao longo do tempo, então melhore 1% todos os dias. E sempre aprenda com as suas experiências. Encare os desafios e as rejeições como oportunidades de aprendizado. Cada situação oferece insights valiosos para aprimorar as suas habilidades e ajustar sua abordagem no próximo passo.

Seja como um camaleão! Persista e resista. O caminho para o sucesso nos negócios não é linear e pode apresentar obstáculos. Isso tudo faz parte da chave para superar os momentos difíceis e levar você a ter mais energia para focar os seus objetivos e encontrar soluções criativas para vender muito.

Por fim, celebre as pequenas conquistas diárias à medida que atingir metas e marcos ao longo do caminho. Reconheça o progresso e use essa positividade como combustível para continuar avançando. Em outras palavras, aproveite a jornada! **O sucesso não é apenas o destino final, mas também a trajetória que você está trilhando.**

Preparamos um ambiente especial e on-line para que você possa testar o que aprendeu neste capítulo. Acesse o link a seguir e mergulhe em uma gamificação exclusiva dos inquietos por natureza.

http://bit.ly/inquietos12

26 MANDINO, O. **O maior vendedor do mundo**. Rio de Janeiro: Record, 1978.
27 CLEAR, J. **Hábitos atômicos**. São Paulo: Alta Life, 2019.

13

VENDER É REALIZAR A TRANSFERÊNCIA DE SENTIMENTO E EMOÇÃO

Vanessa Sens é advogada, professora e especialista em Direito Previdenciário desde 1999. Também é reconhecida profissionalmente como mentora e palestrante. Sua experiência profissional já impactou mais de mil alunos e transformou a vida de várias centenas de famílias. Divide sua jornada também com as realizações de ser esposa, mãe de três filhos, comunicadora e gestora do seu próprio negócio.

VANESSA
SENS

Em determinado momento do meu negócio, percebi que os resultados estavam aparecendo, mas não chegavam de modo exponencial. Com toda a equipe reunida, falamos a respeito de alternativas para que pudéssemos escalar e melhorar vertiginosamente a nossa curva de crescimento, e foi assim que aplicamos todos os passos sobre vendas que mostrarei para você neste capítulo.

Os resultados não demoraram a aparecer e cada serviço passou a ser mensurado no mínimo três vezes mais porque tomamos posse de nossos diferenciais no mercado em que atuamos. Percebemos que estávamos vivendo em um estado de culpa e, por isso, aplicávamos valores menores do que os serviços valiam e, assim, passamos a nos responsabilizar mais pelos resultados ao buscar alternativas que se provaram verdadeiras mudanças de mentalidade dentro da empresa.

Assim como toda novidade, foi necessário enfrentar o medo e olhar para as estratégias que não estavam funcionando, mas a verdade é que isso tudo era necessário para chegarmos ao patamar que desejávamos. A partir disso, em pouco tempo os resultados acabaram comprovando que a ação foi necessária e vitoriosa.

A partir dessa história, quero começar o capítulo afirmando que a verdade é que, se deixássemos o *medo de lado*, em muitos momentos os resultados viriam mais rapidamente. Pela minha experiência – e a partir do que apliquei em meu negócio –, pude provar que os resultados chegam na mesma medida que a nossa *coragem*, *atitude* e *ação*. Caso queira saber mais sobre como cheguei a essa conclusão, fique aqui pois conversaremos sobre esse assunto. Quando falamos sobre vendas, muitas pessoas não sabem, mas a comunicação clara e assertiva é a chave para fazer com que as pessoas decidam agir. E essa comunicação não pode conter falhas! A partir dela: ação, ação e ação. Não há espaço para insegurança. Em nossa fala devemos chegar ao objetivo mais valioso: estimular as pessoas a comprarem o produto ou serviço, aderirem às nossas sugestões para aumentarem a produtividade ou, até mesmo, sentirem-se inspiradas a transformarem a sua vida com o que estamos apresentando. Só assim elas poderão alcançar o próximo nível. Em outras palavras, quero que você reflita sobre como é importante que domine os resultados incontestáveis que o seu produto gerará. Nesse sentido, é preciso trilhar todo o passo a passo para que se possa assegurar que o resultado é incontestável. É preciso ouvir e assimilar o conhecimento para que a ação seja estratégica, conquistando efetivamente o resultado que desejamos. E a construção dos argumentos sobre determinado assunto, produto ou serviço deve provocar um *estado de agir* que levará as pessoas a trabalharem intencionalmente de acordo com a transformação que você proporcionará.

Outro problema muito comum que observo é a falta de compreensão de que vender é realizar a transferência de sentimento e emoção. **Quando** acreditamos no que estamos vendendo e a nossa entrega é imensurável, a maior evidência de que estamos no caminho certo certamente serão os resultados expressivos. E isso acontece porque, quando a comunicação ocorre de maneira estratégica e especial, o resultado é imediato.

Trago algumas reflexões para que possamos pensar sobre isso juntos: por que para a maioria das pessoas o ato de vender faz com que fiquem estagnadas e com medo? Por que ainda estamos tão presos (mesmo que de modo inconsciente) às velhas crenças e modelos de ideias? Será que, de alguma forma, essas crenças fizeram parte do nosso passado e devemos deixá-las aprisionadas em honra às pessoas ou experiências vivenciadas?

Todas essas perguntas fizeram com que eu pensasse na estratégia de vendas do meu negócio e as respostas que encontrei fizeram com que eu tivesse os melhores resultados possíveis. Por isso, fique calmo porque podemos e devemos mudar. E vou mostrar como.

Para mudar a nossa vida, é preciso mudar a nossa história. Podemos viver da nossa imaginação em vez da nossa memória, agarrar-nos ao nosso potencial revelado e ilimitado. Para isso, percebo que a primeira análise que devemos fazer é: tome consciência de que muitos dos seus resultados são fruto das crenças que você ainda não compreende. As crenças instaladas em nosso período de formação mais cedo ou mais tarde se manifestam em nossos resultados, e, enquanto não trouxermos para o consciente aquilo em que acreditamos, esses pensamentos influenciarão as nossas vidas e acabaremos chamando de destino o que, na verdade, são consequências. Assim, se desejamos novos resultados, precisamos mudar a forma como pensamos. Vamos transformar isso agora?

As palavras guiam os nossos pensamentos para direções específicas e, de alguma maneira, nos ajudam a criar a nossa realidade, potencializando ou limitando nossas possibilidades. Já a habilidade de usar a linguagem com precisão é fundamental para a nossa comunicação ser eficiente e nos impulsionar para o sucesso. Palavras como *não devo*, *tenho que*, *não posso* ou *não consigo* são formas de comunicação que impactam negativamente as nossas considerações, principalmente no mundo dos negócios. E isso acontece porque nos remetem ao estado de estagnação.

Lembre-se de que as palavras criam a nossa realidade e constroem a expectativa que o outro está formando sobre nós. Precisamos mudar a nossa mentalidade começando a mudar *o que* direi por *como* direi. Para ilustrar a maneira que isso ocorre no dia a dia do mundo corporativo, pense na *comunicação deficiente* que acontece quando liderança e liderado não se certificam de que a informação foi realmente compreendida em sua totalidade. Ou quantos líderes e negócios ignoram a importância e eficiência em *dar feedbacks*, além de negligenciarem a importância de *saber delegar*. Um líder inspirador identifica cada um destes pontos, considera a singularidade das pessoas com quem trabalha e potencializa o melhor de cada uma.

É comum que, no meio corporativo, muitas empresas não se deem conta de que as falhas na comunicação podem gerar resultados desastrosos. Sendo assim, percebo que a ausência do resultado financeiro esperado, muitas vezes, acontece pela falta de informação ou orientação para os colaboradores do que é esperado deles. Muitos agem de modo inseguro e sem direção porque a liderança não está acompanhando o desempenho da equipe. As expectativas devem ser alinhadas desde o início do processo, assegurando a *comunicação eficiente* para alcançar os resultados esperados.

O sucesso da comunicação em vendas

As experiências do passado só devem ter importância como referência para o aprendizado. Depois que nos condicionamos a agir, as situações já não parecem ameaçadoras e passamos a compreendê-las melhor ao enfrentarmos as dificuldades com mais disposição. Saiba que ter a consciência de todos os percalços é um passo importante que nos levará rumo ao nosso objetivo.

Desse modo, o **sucesso da comunicação em vendas está em transformar o seu medo em poder.** Saiba que o receio de se expor ao falar do seu produto ou serviço está impedindo você de alcançar os resultados financeiros que deseja!

Você conhece bem o seu produto ou serviço? Consegue mensurar a transformação que ele gera na vida das pessoas? Ele realmente é o melhor do mercado? É inovador? Quais são as suas dúvidas? Onde o seu produto ou serviço pode ter falhas? Pare um minuto e pense sobre tudo isso. O medo ao responder qualquer uma dessas perguntas deve ser revertido em argumentos de venda, pois aí estão as maiores objeções de quem tem um excelente produto ou serviço, mas não está conseguindo escalar o negócio. Você deve ser o primeiro e o mais exigente cliente do seu produto, pois você o conhece como ninguém e sabe em quais lugares podem estar as eventuais falhas – se existirem. Então seja corajoso e enfrente a verdade. Busque a melhoria e alcance a excelência! Você vai se surpreender com o crescimento e a prosperidade que resultarão dessa postura.

Para que possa entender mais sobre como apliquei as mudanças em meu negócio e consegui resultados extraordinários, quero apresentar para você os três passos que fizeram toda a diferença em minha jornada. Eles irão ajudar você a **transformar o seu *medo* em *poder*.**

Passo 1: Observe os padrões limitadores

Estamos falando do mundo corporativo e aqui cabe também falar em revisitar suas crenças limitantes ou "verdades". Você deve observar os padrões de comportamento que levam você a repetir os mesmos erros do passado. É hora de dar um basta! Ressignifique essa ideia e busque a conscientização de que esse padrão de conduta está impedindo você de crescer.

Passo 2: Assuma a responsabilidade

Chegou a hora de substituir a culpa por responsabilidade. Enquanto a culpa nos deixa passivos e ressentidos, a responsabilidade nos liberta, tornando a mudança possível. Quando estamos no estágio de culpa, normalmente estamos ainda muito ligados às nossas experiências do passado, o que definitivamente nos deixa ainda mais estagnados. A mudança é fundamental, então pare de ser vítima e se responsabilize pelos resultados que tem alcançado em sua vida.

Passo 3: Domine o medo

Sinta medo! É exatamente isso que você leu. Parece contraditório, mas não é. Na vida, dificilmente deixaremos de sentir alguma forma de medo. Então siga em frente e controle esse estado para que ele não domine a sua trajetória. Cabe dizer que sempre que uma pessoa fica passiva diante de uma situação, o medo toma conta do cenário. Sendo assim, *aja*! Quando você age, o medo parece ficar imperceptível porque sua *ação* está sendo *maior*.

Se você quer ter sucesso, comece imediatamente a praticar esses três passos e transforme seu medo em *poder*. Ao superar as suas limitações, você será tomado por um estado de confiança e estará preparado para enfrentar velhos e novos desafios com muito mais força e dedicação. O ponto de partida está em olhar para si mesmo de modo honesto, avaliando os pontos fracos e fortes, tomado por um desejo intenso de mudar a mentalidade e o jeito de ser a partir do *domínio total dos medos*.

Essa prática certamente confirmará que o receio quanto ao verdadeiro poder do seu produto ou serviço e o quanto ele representa para o mercado pouco a pouco vão sendo diluídos com a comunicação mais assertiva e corajosa.

Fica evidente a certeza de que precisamos conhecer o nosso produto ou serviço como ninguém e que o poder da comunicação em tratar temas sensíveis que alcançam nossas vivências mais íntimas está diretamente relacionado à forma como nos posicionamos e atuamos no mercado corporativo.

Somos desafiados diariamente a assumir o compromisso do controle e comando de nossa jornada sendo protagonistas e não vítimas. Não podemos mudar o passado, mas podemos ressignificar a maneira como ele nos afeta. Somos instigados a sair da zona de conforto e ter a certeza de que acumular conhecimentos sem a ação *não nos gera resultados*. E a busca para atingir os resultados extraordinários na vida, na carreira e nos negócios deve ser incansável.

Minha intenção, portanto, é que essas reflexões possam tocar profundamente a maneira como tem lidado com o produto ou serviço que vende e como tem se comunicado, começando pela análise interna. Essa provocação tem como objetivo ajudar o seu negócio no processo de transformação e de evolução. Para tanto, lanço o desafio de que, em vários momentos da jornada corporativa, reserve alguns momentos para ler e reler alguns capítulos aplicando e retomando os conhecimentos apresentados, utilizando a força da comunicação clara e assertiva como uma ferramenta de resultados positivos e inimagináveis quando o assunto são as *vendas*.

É hora de agir e, com muita coragem, vender muito!

Preparamos um ambiente especial e on-line para que você possa testar o que aprendeu neste capítulo. Acesse o link a seguir e mergulhe em uma gamificação exclusiva dos inquietos por natureza.

http://bit.ly/inquietos13

Você também pode acompanhar a autora em www.vanessasens.com.br

GESTÃO DE PESSOAS

14

LEIA O INVISÍVEL E CONTRATE COM SEGURANÇA

Iraci Bohrer é inquieta por natureza! É palestrante, escritora, empresária e fundou, aos 21 anos, o Grupo Crescer RH. É também headhunter, especialista e treinadora em linguagem corporal aplicada à seleção de pessoas e aprendiz de kitesurf. Palestrou em eventos internacionais sobre o tema, recebeu o reconhecimento Mulheres de Valor e é a primeira brasileira a aplicar a linguagem corporal em processos seletivos no Brasil e no exterior.

Atua no desenvolvimento de empresários, gestores e líderes, treinando-os para ler o invisível e contratar as pessoas certas para seus times!

PARA SABER MAIS SOBRE A AUTORA:

 @iraci_bohrer

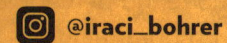 @grupocrescerrh

 /iraci-bohrer-
linguagemcorporalemrh

#processoseletivo
#rh
#seleção

IRACI
BOHRER

Omo seria se você aprendesse uma nova linguagem de comunicação que o ajudasse a ler o invisível, entender o que não é dito e escutar o que não é falado? Seguramente, essa nova habilidade teria grande impacto nos resultados dos processos seletivos! A leitura da linguagem corporal o ajudaria a tomar decisões com mais segurança e assertividade! Talvez você não tenha certeza ainda sobre esses pontos, mas fique aqui para saber tudo o que é preciso para que as suas contratações sejam melhores daqui para frente.

Albert Mehrabian, professor de psicologia na Universidade da Califórnia, publicou em seu livro *Nonverbal Communication*, de 1972, um estudo em que mostrou que 7% da nossa comunicação é transmitida por palavras, 38% pela voz (tom de voz, velocidade, ritmo, volume e entonação) e 55% é não verbal, isto é, **55% do que comunicamos se dá pelos gestos, expressões faciais, posturas e as tensões imprimidas em nosso corpo físico.**[28] A consequência disso tudo é que existe muita informação que passa despercebida aos olhos e pode fazer a diferença durante uma entrevista de emprego, em reuniões de trabalho, negociações ou até mesmo na análise e performance da equipe.

Sendo assim, o impacto de aprender a ler o invisível está diretamente conectado aos resultados que você tem hoje! Mas antes de explicar como você poderá melhorar esse aspecto em seu negócio, quero contar sobre como tenho percebido isso ao longo de minha experiência nesse mercado.

Embora algumas vezes façamos contratações de profissionais pelo conhecimento técnico e/ou por indicação, na maioria das vezes são realizadas contratações por meio de processos seletivos, mas que, mesmo assim, acabam não dando certo, causando um "buraco" nas empresas que sempre precisa ser preenchido. Explicando melhor o que é não dar certo: são contratados profissionais descompromissados com os resultados, eles integram uma equipe, mas não conseguem ser um time, são inconsistentes e possuem dificuldades em adaptar-se à cultura da empresa e, em muitas ocasiões, mesmo depois da empresa ter feito longos processos seletivos, em pouco tempo esse cenário leva à demissões ou à recolocação em outras posições.

Apesar de muitos processos seletivos serem feitos com esmero, utilizando-se de várias etapas e diferentes ferramentas, os resultados nem sempre são satisfatórios. E quero trazer uma reflexão: **será que as ferramentas aplicadas estão coerentes com a nova dinâmica do mercado de trabalho?** Processos seletivos falhos são onerosos e podem ser traduzidos na sensação de tempo perdido ou no impacto da rotatividade, que é o primeiro sintoma das falhas. A empresa, portanto, acaba pagando essa conta! E é uma conta que vai além do caixa, o prejuízo é visto diretamente nos resultados e sentido no crescimento do negócio.

28 MEHRABIAN, A. **Nonverbal Communication**. Reino Unido: Routledge, 2007.

Em outras palavras, os impactos de um processo seletivo falho são gigantes. Segundo uma pesquisa realizada pela consultoria Robert Half, 41% dos executivos brasileiros assumiram ter feito ao menos uma contratação errada no último ano.[29] E isso é de total responsabilidade desses executivos? Sim e não! **As mudanças geracionais impactaram muito as empresas e os processos seletivos!** Os valores são outros, o senso de prioridade e o nível de imediatismo elevado são as principais mudanças nos profissionais. Por sua vez, as empresas estão passando por grandes transformações que impactam diretamente na cultura e na velocidade dos negócios e processos.

Por isso, para que os melhores resultados aconteçam, as contratações precisam estar alinhadas ao propósito da empresa e do time. Mas como acompanhar essas mudanças com ferramentas de avaliação "desumanizadas"? É preciso contratar com consistência e sem achismos.

Chega de sentir-se frustrado com seus resultados, com a falta de engajamento do time, com profissionais que, na primeira dificuldade, desistem. Se você sente que está errando, saiba que não é um problema exclusivo da sua empresa e do seu mercado, isso tem acontecido com muito mais frequência do que gostaríamos em todas as organizações que chegam até mim. É bem provável que você se sinta indignado, afinal todo processo começa pela contratação e a responsabilidade pelos méritos e equívocos é dos gestores, entretanto o questionamento que lhe provoco a fazer é: **o que você não está vendo que precisa e pode melhorar?**

Como empreendedora, já contratei errado diversas vezes, sobretudo por não estar atenta aos sinais que os profissionais transmitiam. Sobrecarga de trabalho, ansiedade por prazos ou pressões externas e o senso de urgência nas contratações geram emoções que, muitas vezes, causam desatenção no momento de realizar as entrevistas e têm grande contribuição nessas decisões erradas. Como consequências, o tempo perdido! Justamente por isso aprendi que não podemos escolher pelo profissional mediano só porque precisamos contratar, uma vez que a chance de errar é grande.

Prazos, clientes, dinâmica do mercado, pressão para crescer e manter-se atualizado e competitivo fazem parte da rotina de grande parte dos empresários e gestores. É uma dinâmica que traz à tona uma necessidade emergente de ter bons profissionais no time. É preciso fazer a coisa certa. E precisamos disso para ontem.

Percebo que, em geral, muitos empresários iniciam as entrevistas enquanto estão com os pensamentos em outros projetos, em uma mensagem que chega no celular ou até mesmo na reunião que teve ou terá em seguida. É uma

---

29 41% dos executivos assumem ter feito alguma contratação equivocada no último ano. **G1**, Rio de Janeiro, 28 abr. 2022. Trabalhao e Carreira. Disponível em: https://g1.globo.com/trabalho-e-carreira/noticia/2022/04/28/41percent-dos-executivos-assumem-ter-feito-alguma-contratacao-equivocada-no-ultimo-ano.ghtml. Acesso em: 21 ago. 2023.

dificuldade de estar 100% presente, ou seja, conectado racionalmente com o processo, deixando, assim, a emoção tomar conta. E quando a emoção se apresenta, tendemos a fazer a contratação apenas porque o profissional respondeu às perguntas de maneira adequada, possui a experiência técnica que o cargo necessita ou até mesmo pela empatia que sentimos durante a conversa. Contrata-se mesmo que a dúvida ainda esteja presente. Talvez você não tenha se dado conta, mas muitos gestores e empresários não possuem nenhum tipo de treinamento para estruturar as entrevistas de modo eficiente e assertivo.

Sendo assim, por estarmos em constante evolução e possuirmos, hoje, as ferramentas certas de avaliação, quero trazer um passo a passo que irá ajudar você a se direcionar melhor nas contratações que fará daqui para a frente. Quero que você aprenda a ler o que não está sendo dito verbalmente, que saiba escutar o que não é falado e possa aplicar esse conhecimento. Quero que você esteja preparado para a verdade a partir de agora. E que leve isso para entrevistas presenciais ou on-line. Vamos lá?

1. Esteja presente!

O primeiro passo é colocar-se 100% presente ao realizar uma entrevista. Deixe de lado o celular, a agenda, as emoções e preocupações, as tarefas que precisam ser resolvidas e tudo o que possa ser uma interferência nesse momento.

2. Comece por você

Você precisa transmitir credibilidade, afinal você é a imagem da empresa para o profissional. Por isso, atente-se aos pontos:

a) Elimine as interferências, sejam quais forem;
b) Prepare o ambiente para que o profissional se sinta confortável;
c) Concentre-se e aquiete o seu coração para que a sua parte racional esteja no comando;
d) Faça a leitura e revise o currículo do participante antes da entrevista. Foque o que é importante para o cargo;
e) Prepare as perguntas previamente, faça perguntas inteligentes e tenha clareza dos requisitos que busca;
f) Receba os profissionais com um sorriso porque isso irá ajudá-los a se sentirem mais tranquilos.

3. Avalie o profissional

Aqui, quero que você tenha atenção em todos os detalhes do profissional para que não deixe passar despercebido nenhum dos sinais que serão primordiais para a contratação. Sendo assim, siga o roteiro que deixarei a seguir para que possa melhorar as suas contratações.

a) Observe a postura do profissional desde a sua entrada, sobretudo no seu caminhar, perceba se os movimentos são fluidos, equilibrados ou não;

b) Apresente-se, fale sobre a oportunidade de trabalho e mantenha o seu olhar no candidato;

c) Se puder, evite fazer muitas anotações para não perder nenhuma informação do que está sendo expressado;

d) Nos momentos em que o profissional estiver respondendo, atente-se ao que não é falado em palavras: o tom de voz, a energia e a intensidade. Tudo isso demonstrará o estado emocional e o nível de energia vital;

e) Os olhos falam muito! Perceba se o profissional mantém a conexão com você. Se desviar muito o olhar, pode ser que esteja pensando na resposta ideal. Nesse caso, provoque mais, faça mais perguntas sobre o tema para ajudar a embasar a sua análise. Quanto mais elementos você conseguir observar, mais assertiva será sua decisão;

f) Postura, principalmente ao sentar-se! Observe os movimentos das mãos e braços. Nada pode estar muito exagerado, tampouco a ausência de movimentos poderá estar presente. Equilíbrio é a palavra! A coluna precisa estar alinhada, nem "peito de pomba" nem curvada para frente. Se você busca profissionais para liderar um time, mais atenção ainda nesse elemento.

4. Confie em sua análise!

Se após seguir os passos acima, você ainda estiver em dúvida, muito provavelmente esse não é o profissional que você está buscando. Confie no seu instinto! Siga com mais entrevistas e treine, treine muito o seu olhar.

Agora que você já tem os passos mais importantes para que as suas próximas entrevistas sejam assertivas, quero contar uma história. Eu estava em processo seletivo para encontrar um gestor comercial que lideraria um time de aproximadamente 25 pessoas. Por ser área comercial, o ponto mais importante a ser avaliado são os resultados, então, após avaliação técnica dos currículos, identificamos os profissionais que estavam qualificados ou que estavam próximos ao perfil que buscávamos para a posição. O próximo passo foram as entrevistas. Algumas realizadas on-line e outras presenciais.

Iniciamos os processos e, no decorrer das entrevistas, percebi que os profissionais estavam preparados para o processo seletivo, pois as respostas estavam alinhadas, a comunicação fluida, com apresentação e postura adequadas. Mas eu precisava entender sobre os resultados que apresentaram nas duas últimas empresas que passaram, e foi nesse momento que a análise da linguagem corporal ficou interessante.

Ao serem questionados sobre os resultados gerados nas empresas anteriores, a inquietação de muitos era visível aos olhos e era possível notar certo desconforto físico com clareza. Alguns começavam a gaguejar, outros perdiam a conexão do olhar e outros balançavam a cadeira. Apenas dois candidatos permaneceram conectados, transmitindo segurança e integridade na comunicação. O resultado? Um deles foi contratado.

Estou contando isso porque tudo começou com uma pergunta que gerou certo desconforto. Essa pergunta era a representação de algo que o profissional não esperava ser questionado. Por ser uma empresa que vinha enfrentando a falta de resultados e dificuldade de gestão do time de vendas, a contratação foi assertiva!

Então, quero que você saiba que é preciso eliminar os pontos cegos do gestor que está realizando a entrevista. Com as perguntas certas e atenção aos detalhes, você identificará o que não é dito, mas essa linguagem só é percebida aos olhos de quem está atento! É em uma pequena fração de segundos ou em pequenos gestos que a verdade se apresenta! Por isso, aprenda a ler o invisível para que você possa tomar melhores decisões ao selecionar as pessoas para o seu negócio. Entenda o que não é dito e isso ajudará também na gestão do seu time e no seu dia a dia. Observe e as respostas virão. Eu garanto!

Equipe trabalhando com sinergia e propósito é o significado de contratações assertivas e decisões tomadas com segurança! Ao aprender mais sobre essa nova linguagem de comunicação, você estará mais atento para as pessoas ao seu redor. Seus resultados como um todo serão impactados. Então esteja atento e siga o passo a passo. Um time mais forte espera por você!

Preparamos um ambiente especial e on-line para que você possa testar o que aprendeu neste capítulo. Acesse o link a seguir e mergulhe em uma gamificação exclusiva dos inquietos por natureza.

http://bit.ly/inquietos14

15
CONHECIMENTO, RECONHECIMENTO E DINHEIRO

Edson Mackeenzy é radialista, palestrante, facilitador, escritor, mentor, conselheiro de negócios e especialista em investimento anjo pela FEA/USP.

Filho de imigrantes nordestinos, nasceu e cresceu em Bangu (RJ). Abriu sua primeira empresa aos 18 anos e, aos 22, tornou-se fundador e CEO do Videolog.tv, a primeira plataforma global de compartilhamento de vídeos.

Atuou no fundo de investimentos global The Venture City, na Bossa Nova Investimentos e no grupo iMasters E-commerce Brasil.

Desenvolve e colabora com vários programas de aceleração e fomento à inovação em toda a América Latina. É membro de diversos conselhos consultivos, venceu como melhor mentor de negócios do Brasil no prêmio #StartupAwards e é reconhecido como um dos empreendedores mais influentes do país.

PARA SABER MAIS SOBRE O AUTOR:

 @mackeenzy

 /mackeenzy

 www.omack.com.br

#carreira
#gestão
#negócios

© Torin Zanette

EDSON
MACKEENZY

Oomo você mede o seu progresso profissional? Como anda o equilíbrio entre vida pessoal e a construção de sua carreira? Existe uma fase da vida em que temos mais tempo do que dinheiro. É um período em que nos disponibilizamos a aprender o máximo que podemos e, com a maturidade, passamos a tomar decisões diferentes que vão nos permitir ter um pouco mais de tranquilidade em fases futuras. Porém, o mundo dos negócios vem embaralhando essas fases da vida.

Atualmente, vivemos em um tempo em que é comum ouvirmos que "as melhores coisas da vida estão fora da zona de conforto". Obrigando a gente a recalcular a rota e a questionar nossos resultados em diferentes momentos. Como empreendedor, toda vez que eu escuto alguma dessas "máximas" clichês de mercado, minha mente sempre responde com um eloquente "será?".

Permita-me então apresentar sem grandes firulas e mostrar a você como desenvolvi este comportamento que faz de mim um *questionador nato*. Sou uma dessas pessoas que, quando recebem um não, a mente não descansa até encontrar uma maneira de se chegar ao sim. E trabalhar com tecnologia e inovação foi o caminho que encontrei para estudar métodos e, assim, construir sistemas que me permitissem ter uma vida plena. O que você faz quando quer uma coisa e recebe um não?

A: Aceita e tenta outra coisa?
B: Muda a abordagem até conseguir o que quer?

Após anos atuando ativamente com negócios que buscam crescer a ponto de se tornar globais, empregando milhares de pessoas em diferentes lugares, nunca me conformei com a resposta padrão de que falta mão de obra qualificada no mercado, ou que não encontrar as pessoas certas é o principal fator limitante para atingir os resultados que estavam sendo planejados.

Certa vez, conversando com um amigo que dizia não acreditar mais no amor por nunca ter encontrado um relacionamento que tivesse dado certo, fiz o seguinte comentário: "Se o único ponto em comum entre todos os seus relacionamentos que fracassaram é você, então o problema não está no amor, mas, sim, em você". Sei que posso ter sido um pouco cruel e deveria ter embalado minhas palavras em cápsulas de açúcar, mas, ao longo do tempo, entendi que o mercado faz absolutamente a mesma coisa, responsabiliza o próprio mercado e justifica seus fracassos culpando o movimento de não encontrar o profissional adequado. Já pararam para pensar na quantidade de bobagem que as empresas fazem quando vão formar as suas equipes? Dá uma olhadinha aqui nesta lista de coisas que não fazem sentido para mim:

- Buscar pessoas pelo que elas dizem que sabem, quando deveriam focar sua capacidade de aprender;
- Contratar pessoas por habilidades específicas e demitir por comportamento;

- Avaliar as equipes por decisões acertadas, desqualificando o aprendizado que vem do erro e punindo a experimentação, quando deveriam valorizar decisões executadas, independentemente de serem decisões certas ou erradas.

Em teoria, a liderança deveria alocar as pessoas contratadas em posições que as permitissem desabrochar seus talentos e qualidades, mas quase sempre, ao longo do trabalho, a rotina é imposta e temos a sobrecarga de tarefas e demandas que, em vez de estimular a ir mais longe, as fazem estacionar em "zonas de conforto" por medo de errar, de serem punidas ou, infelizmente, retrocedem até o ponto de, muitas vezes, ocorrerem atitudes parecidas com as de uma criança mimada nas organizações, que ficam aguardando as orientações dos papais e se tornam adultos frustrados que responsabilizam terceiros quando elas mesmas poderiam transformar as próprias realidades se parassem de se fazer de vítimas e passassem a pensar no que chamo de "Au, Au e Au".

- Autoconfiança;
- Autoconhecimento;
- Autorresponsabilidade.

Independentemente do momento ou posição profissional, este é um tema que passou a me causar muita inquietação, a partir do momento em que percebi que já estive em ambas as posições: tanto a de chefe insensível, que "espremia" a equipe por resultados que, muitas vezes, nem eu mesmo sabia se faziam sentido; e também na posição de funcionário, aquele que, infelizmente, teve suas ideias tolhidas, conquistas roubadas e motivações oprimidas por pseudolíderes que, muitas vezes, me faziam questionar a minha trajetória e capacidade profissional, a ponto de me fazer pensar que estava vivendo dentro da história da saga da *Revolução dos bichos* de George Orwell: sendo alimentado pela mesma mão que, em breve, me levaria ao abatedouro emocional, que por sentimentos seus, não contribuia com o meu desenvolvimento.

Quero voltar um pouquinho no tempo e fazer você olhar com mais cuidado para todos os sistemas organizacionais que nos trouxeram até aqui. Um modelo conhecido como taylorismo que foi baseado no feudalismo e olha para as pessoas não como "colaboradores", mas sim como peças que precisam funcionar em uma cadeia e que, talvez, por isso sejam chamados de "funcionários". Quando comparamos este modelo com o do servo, obviamente enfrentamos uma grande evolução, mas, ainda assim, a liderança trata as pessoas como massa de manobra para atingir os objetivos de ser "a maior empresa do mundo", deturpando, inclusive, a origem fundamental das empresas que é a de melhorar a vida da sua equipe e de toda a comunidade para qual ela serve. O ser humano não nasce mal, mas o sistema o corrompe.

Não é mesmo? Por isso, sou um frequente crítico aos modelos organizacionais atuais que fazem com que as pessoas sejam dragadas para um círculo vicioso de acreditar que o único propósito da empresa é gerar lucro para os seus sócios a todo custo .

A realidade, entretanto, é que uma empresa que tem como objetivo crescer em escala global, precisa começar desenvolvendo pessoas e, assim, passar a compartilhar a ideia de construir uma melhor empresa "para o mundo". Afinal, a principal missão de qualquer organização é a de melhorar a vida das pessoas, sejam elas clientes ou funcionários que, juntos, formam a sua comunidade.

De maneira prática, para que o crescimento de um negócio seja percebido, é preciso investir no desenvolvimento das pessoas que colaboram com aquele ideal de negócio. Incentivando-os a adaptar sua visão pessoal de futuro com a da empresa, agrupando valores e mapeando as suas forças e fraquezas, conduzindo suas descobertas e experimentando descobrir qual é o seu lugar na organização. Em meu caso, a minha carreira começou a ter resultados mais perceptíveis quando passei a buscar conhecimento em diferentes fontes para medir minha capacidade de execução e resultados, utilizando um prisma que me ajudava a entender onde estava e para onde gostaria de ir.

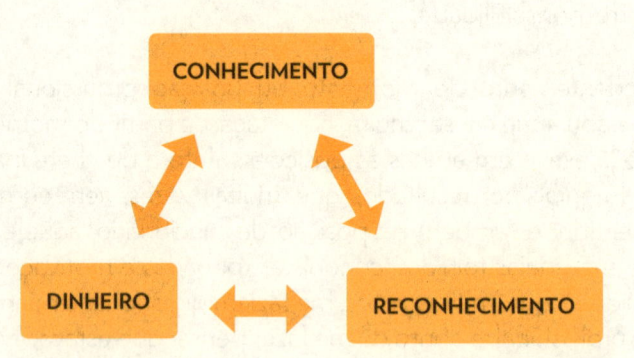

Não importa qual seja o seu momento profissional, sempre será preciso buscar a fluidez constante entre esses fatores. E perceba que falei sobre *fluidez* e não *equilíbrio*. Fluidez é movimento; equilíbrio é a busca por um ponto até que seja factível de ser alcançado, mas trabalhoso demais para ser mantido.

Eventualmente, pode ser que, em algum momento da sua carreira, seja necessário priorizar um desses pontos e está tudo bem. Porém, se negligenciar ou zerar os outros fatores ou até mesmo focar o desenvolvimento de um deles por muito tempo, pode ser que isso gere desmotivação, falta de criatividade, tristeza e até frustração profissional. A falta de atenção a esses elementos pode ser fatal, gerando sentimentos muito negativos em relação às escolhas que fez em sua vida.

E já parou pra pensar em todas as pessoas que fizeram parte das incríveis revoluções que vivemos hoje no mundo dos negócios?

Se houver sinceridade em sua resposta, com certeza ela será não. Simplesmente porque nos fizeram acreditar que os fins justificam os meios. Quando atravessamos uma ponte, não pensamos nas pessoas que trabalharam nela, quando muito, sabemos apenas o nome do engenheiro que a desenhou. E isso só acontece desde que alguém tenha nos estimulado a aprender sobre isso.

A realidade é que, se estamos em uma posição de liderança e queremos construir pontes para o futuro, é urgente pensar nas pessoas que vamos escolher para cada uma das etapas do nosso projeto. Por outro lado, se você é uma dessas pessoas que está contribuindo para a construção de um negócio, é urgente do mesmo modo parar e buscar clareza sobre os resultados que espera a médio e longo prazo. É preciso olhar para os motivos que fazem você dedicar uma parte da sua vida a isso, pois esse é um tempo que não voltará nunca mais.

Por isso, afirmo que, para se construir uma jornada profissional de sucesso, é preciso buscar a tríade que lhe apresentei: conhecimento, reconhecimento e dinheiro.

Conhecimento

Muitas vezes, estamos tão focados em buscar fontes formais de aprendizado que esquecemos o tesouro de sabedoria que existe ao nosso redor. Cada conversa, cada desafio e cada revés podem ser oportunidades para expandir nosso conhecimento e crescer como profissionais e seres humanos. O conhecimento é muito plural, mas, em geral, você pode adquirir o conhecimento tácito por meio de estratégias planejadas ou até mesmo aproveitando as suas experiências práticas para evoluir por meio de um conhecimento empírico. Estou sempre fluindo entre ambas e absorvo lições de cada experiência, pois o conhecimento, quando compartilhado, se transforma.

Reconhecimento

O reconhecimento está nas pequenas interações, nas conexões humanas que criamos ao longo do tempo. No ambiente de trabalho, o reconhecimento desempenha um papel fundamental e necessário. É quando recompensamos os colaboradores de maneira não tangível, pois o reconhecimento de nossos pares é o que nos faz sentir valorizados e amados.

Dinheiro

É fundamental compreender que o dinheiro não deve ser o fim, mas sim um meio para alcançar nossos objetivos. Em vez de perseguir o dinheiro desenfreadamente, devemos nos comprometer com uma abordagem mais estruturada e consistente. Então, mais do que economizar, investir e definir metas claras para seu futuro financeiro, é importante aprender a precificar o seu trabalho de maneira correta. Para isso, existem critérios claros:

- *Custo*: gastos que temos ao produzir algo ou prestar um serviço;
- *Preço*: todo o nosso custo com uma margem de lucro que nos permita reinvestir e crescer o nosso modelo de negócio;
- *Valor*: é intangível em números, mas passa pela percepção do cliente na hora da compra.

Se cada um buscar, portanto, a fluidez entre conhecimento, reconhecimento e dinheiro, a maturidade profissional será alcançada com mais simplicidade e poderemos escolher se queremos ou não ser parte de uma determinada cultura organizacional. Já o que percebo quando estamos estruturando um negócio, é a sensação constante como se estivéssemos em um front de guerra. Assim, passamos a julgar como normal ter algumas "baixas" ao longo do processo.

A busca incessante só por dinheiro faz ser comum no dia a dia do trabalho vermos pessoas lutando para sobreviver no emprego quando deveríamos estar apoiando uns aos outros para que toda a equipe possa ganhar a guerra. Ouvimos muitas vezes que as pessoas precisam "vestir a camisa" quando chegam a uma empresa, mas raramente alguém pergunta se a camisa lhes cabe, se é o seu número ou até mesmo se o tecido os pode dar alergia. Por isso, a minha orientação pessoal para os profissionais é: vista a camisa da sua própria carreira. Se estiver na função certa, a empresa é quem mais vai se beneficiar com isso.

Quando preciso mergulhar em um negócio e entendo que a equipe pode ser um fator limitador para o crescimento em escala daquela organização, avalio cada pessoa individualmente, começando pela liderança. Para isso, aplico a ferramenta japonesa chamada Ikigai.

Observe o Ikigai e se questione em qual círculo você está.

Ikigai

Junto com o colaborador, passo a entender com profundidade os seus sonhos, objetivos e motivações. Após essa etapa, busco qualificar as equipes em três grandes grupos. São elas:

1. Pessoas incríveis;
2. Pessoas incríveis na função errada;
3. Os outros.

Para aqueles que se enquadram no grupo 3, meu trabalho passa a ser dá-los a oportunidade de encontrar novos lugares no mercado, orientando seu desligamento de maneira respeitosa, com muita humildade e gentileza. Assim, abro vagas para que as pessoas incríveis na função errada se encontrem e, obviamente, contrato novas pessoas incríveis.

Não vou dizer a você que é simples encontrar pessoas incríveis sempre, e obviamente também erro no processo de avaliação, por isso oriento os meus líderes a avaliar as minhas decisões executadas. Independentemente de estarem certas ou erradas. Após um ciclo, que pode variar de negócio para negócio, refaço essa avaliação e identifico um novo grupo formado pelos "outros" e refaço o processo até que a empresa esteja com a equipe ideal. **Um ambiente de trabalho bom nada tem a ver com decoração colorida, mas sim com estar perto de pessoas geniais.**

Sendo assim, para que você possa entender como os negócios vivem na corda bamba por não terem esse cuidado, quero contar uma história e apresentar alguns dados.

Não é novidade que a pandemia causada pela covid-19 em 2020 foi devastadora e levou muitas empresas ao colapso. Essa época foi uma das maiores provas de fogo de diversos empresários, porém sinto dizer que a covid-19 não será a última pandemia que enfrentaremos.

Atualmente, segundo dados do Instituto Brasileiro de Geografia e Estatística (IBGE), menos de 40% das empresas criadas no Brasil conseguem sobreviver após cinco anos de atividades.[30] Por ter começado a empreender com 18 anos, tive mais oportunidades de errar do que a maioria dos empreendedores da minha idade. Comecei a usar esse método quando, em 2009, a pandemia de H1N1 impactou muitos mercados globais. Naquela época, pude perceber que crescer não significa inchar o negócio e fui obrigado a me planejar para manter a empresa de pé.

Comecei a identificar que existia um poder invisível na empresa, que, por mais que determinasse atividades e ações, a cultura que se desenvolvia estava

30 BRASIL registra mais de um milhão de novas empresas e qualificação é essencial. **Terra**, [s.l.], 11 jul. 2022. Notícias. Disponível em: https://www.terra.com.br/noticias/brasil-registra-mais-de-um-milhao-de-novas-empresas-e-qualificacao-e-essencial,70233f3dd8b64f68accbba564199efb1sn1ktt9t.html. Acesso em: 25 ago. 2023.

contra mim. Ou seja, muitas pessoas na equipe não entendiam a urgência e as necessidades de suas funções e me geravam muito mais desperdício de tempo e foco do que resultados. Dessa maneira, criei um plano ao qual chamei de Gestão do Caos e comecei a organizar as pessoas nos critérios que falamos.

Não foi possível desligar o "resto" porque não tinha caixa. E isso me obrigou a desenvolver estratégias e a negociar com elas. As pessoas incríveis na função errada que não consegui realocar, passei a recomendar pessoalmente para empresas parceiras e a ser extremamente franco e transparente com a equipe, abrindo planilhas financeiras e demonstrando minhas vulnerabilidades como gestor de primeira viagem.

Não vou dizer que tenho orgulho de tudo o que ocorreu naquela época e que todas as estratégias funcionaram, mas esse movimento gerou uma cumplicidade entre todos da equipe e fez com que a empresa sobrevivesse por mais cinco anos, até a tomada de decisão final de fechar o negócio em 2015.

Por isso, quero que você entenda a importância de olhar cada uma das pessoas de maneira individual. Mesmo que eu estivesse enfrentando o desafio de decidir manter a empresa aberta ou não, esse foi o maior presente que a vida me deu.

Quando me distanciei das minhas crenças e passei a avaliar se estava perdendo ou conquistando conhecimento, reconhecimento e dinheiro, consegui ter muito mais clareza do que realmente era importante e, principalmente, ser muito mais honesto comigo mesmo para construir caminhos alternativos que nortearam as decisões que me guiam até hoje.

Se me permite compartilhar um conselho, quero que você alimente todos os dias esse lado que faz de você uma pessoa inquieta por natureza e experimente olhar individualmente para si e para cada pessoa que está ao seu lado. Evite contratar apenas pelo que elas sabem, mas contrate, sim, por sua capacidade de aprender.

Com muita frequência vejo empresas contratando apenas por áreas de conhecimento e demitindo pelo comportamento. Vamos pular essa etapa e dar foco ao que realmente importa, ao que queremos para nós e para o futuro. Você pode ter um comportamento de empreendedor mesmo que seu nome não esteja no contrato social da empresa. Lembre-se de que construir um negócio é uma aventura e precisamos aprender em cada momento dessa jornada.

Questione se os modelos de hierarquia que aprendeu são a melhor decisão para ser replicada no negócio que você possui hoje. Se isso fortalece as suas premissas e, claro, a cultura que deseja criar. Toda decisão deve ser modelada a partir de cultura e contexto. Vivemos em um momento em que a volatilidade faz parte de nosso tempo, que a adaptação e a disciplina são habilidades que podem garantir sua sobrevivência profissional e, principalmente, o sucesso do seu negócio.

Para que você possa se inspirar, quero indicar três leituras que mudaram a minha vida.

1. *Tudo o que você pensa, pense ao contrário* – Paul Arden
   Este livro ajudará você a mudar o seu processo mental e alimentar o seu lado inquieto.

2. *O amor é a melhor estratégia* – Tim Sanders
   Outra leitura cativante que despertou em mim meu senso crítico sobre as melhores decisões de negócios.

3. *Oportunidades disfarçadas* – Carlos Domingos
   Aqui você entenderá que nem sempre as respostas certas se apresentam tão claramente para nós. É preciso ter um senso contraintuitivo.

Se cada um fizer a sua parte e buscar identificar, o quanto antes, as suas etapas de conhecimento, reconhecimento e dinheiro, será muito mais fluido construir relações francas e duradouras tanto na vida quanto nos negócios.

Preparamos um ambiente especial e on-line para que você possa testar o que aprendeu neste capítulo. Acesse o link a seguir e mergulhe em uma gamificação exclusiva dos inquietos por natureza.

http://bit.ly/inquietos15

16

POTENCIALIZE SUA GESTÃO COM ASSESSORIA EXECUTIVA ESTRATÉGICA

Magali Amorim é palestrante e consultora, reconhecida dentro e fora do Brasil, mestre em gestão e desenvolvimento da educação profissional pelo Centro Paula Souza (CPS). Professora universitária, já treinou mais de 2 mil profissionais da assessoria executiva. Atuou por mais de duas décadas assessorando executivos e sua missão é despertar o potencial de seus mentorados e alunos. É organizadora do best-seller *Excelência no Secretariado* e coautora em outros nove projetos editoriais, incluindo *Você brilha quando vive sua verdade* (2023) também publicado pela Gente.

©Andres Costa

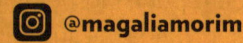
#assessorexecutivo
#assertividade

MAGALI
AMORIM

Você sabia que a profissão de assessor executivo existe há cerca de cinco mil anos? Ela é citada inúmeras vezes nas escrituras em passagens que falam do papel daqueles que atuavam ao lado de reis, na figura dos escribas, como redatores das crônicas, como copistas na expedição dos mandados reais, além de várias outras atuações pertinentes. Era uma posição de muita confiança, como bem nos pontua a autora Nilzenir Ribeiro.[31] Quando é verdadeiramente estratégico, o assessor executivo é um parceiro experiente e confiável, permitindo ao executivo focar as atividades mais importantes e estratégicas do negócio, otimizando a eficiência, eficácia e produtividade global, com consequente e importante contribuição para o sucesso da organização. Mas como obter o melhor da relação com esse profissional com vistas a potencializar sua gestão? É o que falaremos aqui neste capítulo a partir da minha experiência nessa área.

Um dos maiores entraves que envolvem o dia a dia do assessor executivo é quando a mensagem não é decodificada ou a demanda não é percebida nem entendida. Se o assessor não faz a leitura do cenário ou do ambiente, se não tem percepção e não consegue entender os códigos não ditos, coloca em risco a assessoria ao executivo. Nem sempre há tempo para que sejam explicados os pormenores, ainda mais por se tratar, muitas vezes, de demandas recorrentes ou de situações cotidianas que já deveriam fazer parte do repertório do assessor.

O executivo anseia que tal profissional atue mais estrategicamente, com iniciativa para aquelas entregas que já sabe serem necessárias. Por isso, ter que repetir, inúmeras vezes o que deve ser feito, as providências que devem ser tomadas, é irritante. Vejamos alguns bons exemplos, muito bem retratados na história de *O diabo veste Prada*, livro de Lauren Weisberger, posteriormente adaptado às telas do cinema, baseado na relação profissional verdadeira entre executivo e assistente.

Andrea Sachs, a protagonista, ao ingressar na revista *Runway* para trabalhar com Miranda Priestly, é chamada à sala da executiva, que despeja inúmeras providências, recomendações, pedidos e orientações. A assistente, porém, desprovida de um simples bloco de nota e caneta, sai da sala totalmente perdida. Em seguida, ao acompanhar uma reunião da executiva com o time, comete uma grave gafe, por seu desconhecimento técnico da área, sendo pública e severamente repreendida. Sua inaptidão atinge o ápice ao ser, mais uma vez, repreendida por sua falha e falta de leitura do ambiente. Ao longo da trama, entretanto, deparamo-nos com a reviravolta de sua *performance*. Isso acontece em uma cena em que a executiva pede para ela providenciar trocas de roupa, ao que a assistente pontua já estarem no porta-malas de seu carro. A executiva se mostra surpreendida por sua iniciativa

31 RIBEIRO, N. de L. A. **Secretariado: do escriba ao gestor: um estudo sobre o novo perfil do profissional de secretariado.** São Luís: Edfama, 2002.

e o crescimento da assistente fica ainda mais evidente na icônica cena em que Andy socorre Miranda em um coquetel ao soprar-lhe ao ouvido o nome de uma importante personalidade que se aproxima. Ao fim da trama, podemos testemunhar uma profissional que, ao conhecer verdadeiramente o *core business* e por ter decidido assumir uma conduta de comprometimento em relação ao executivo, passa a atuar estratégica e adequadamente. Esse é o papel do assessor executivo!

Apesar de alguns falarem em "extinção" da profissão pelo surgimento de recursos tecnológicos, e, mais recentemente, das funcionalidades da inteligência artificial, o fato é que a falta de uma assessoria executiva verdadeiramente estratégica traz inúmeros prejuízos, desde a demora na solução de problemas, respostas até o atraso na disseminação da informação, impactando diretamente os resultados organizacionais. É imperativo que esse profissional, que atua ao lado do poder decisório, independentemente do porte ou segmento de negócio, exerça uma gestão com real e legítimo comprometimento e envolvimento. E que entenda claramente que sua gestão está diretamente ligada aos resultados corporativos. Tem-se a equivocada ideia de que somente a área comercial é a geradora de resultados. Uma passagem aérea não providenciada, um deslize no atendimento a um cliente externo, a falta de maturidade profissional e o desconhecimento completo da organização como um todo tem impacto direto nos resultados, com prejuízos que seguem a mesma linha de uma venda perdida ou cancelada.

Quando me deparo com executivos que não têm, ao seu lado, um assessor alinhado aos seus objetivos e aos da empresa, vejo que se sentem perdidos, decepcionados e irritados por não serem compreendidos. Por vezes, a vontade é até mesmo de explodir e falar: "Onde você está?", "Está realmente aqui comigo?", "Como não entende o que eu quero e estou dizendo?", "Por que não compreende minhas demandas?", "Por que não consegue fazer a leitura do cenário e de tudo o que está acontecendo ao seu redor?".

O gestor tem a sensação de estar "sozinho" (e está!) e que a assessoria não tem o mesmo "envolvimento" que ele tem em relação aos assuntos corporativos. Há muitos executivos que têm imensa dificuldade em fornecer *feedback*. Tentam administrar o dia a dia, evitam levar o assunto ao departamento de recursos humanos, atuam, até mesmo, com verdadeira empatia, preocupados com a possível troca do profissional, pelo possível desemprego do assistente. É muito comum darem todas as chances e oportunidades, até porque tentam evitar o *turnover*, isto é, a rotatividade no cargo. Alguns, polidamente, chamam para uma conversa e mudanças ocorrem, mas não perduram. Em muitas organizações evitam, inclusive, discorrer seu descontentamento internamente com seus pares pelo risco de tornar sua gestão vulnerável. Quando admitem a dispensa ou a troca do assistente, é porque sua produtividade ou condescendência estão em risco ou chegaram ao limite. Nesse ponto, o desligamento pode ser a única – ou última – opção.

Percebo que isso ocorre pela falta de preparo ou formação profissional específica do assistente. Há casos em que o profissional é sugerido por ser fluente em um idioma estrangeiro, porém não tem os conhecimentos técnicos que a posição requer. Infere-se, nas organizações, que a posição de um assessor executivo pode ser desempenhada por qualquer indivíduo com uma formação superior na área de humanas. É comum nos treinamentos nos depararmos com um diversificado leque de formação profissional entre os presentes. Dada à necessidade de assessoramento, assumem o posto, supondo-se que assessorar um executivo seja tão somente inserir dados de agendamento, por exemplo, em um suporte tecnológico para tal. Qualquer colaborador com conhecimentos da plataforma poderá preenchê-la, o que não significa, no entanto, que esteja performando um eficaz, legítimo e estratégico gerenciamento da agenda. A produtividade do executivo é potencializada por uma assessoria executiva autenticamente estratégica. Nesse papel, o assessor incorpora a condição de agente facilitador, dando subsídio e suporte direto ao executivo em distintas áreas, desde a efetiva e real gestão do tempo, às atividades que antecedem as tomadas de decisões, o preparo de informações para consolidação do planejamento estratégico, além de garantir clareza na comunicação entre ele e seu time, entre ele e a própria assessoria, para filtrar o que é útil, o que é urgente, e o que é importante, além de coordenação de atividades.

A carreira do executivo é muito solitária, muitas vezes sem ter de fato pessoas de confiança para o apoiar. "Comumente está em meio a inúmeras demandas estratégicas", pontua o executivo Fernando Moulin, também coautor deste livro. O executivo Theunis Marinho, também coautor, tem uma célebre frase de que gosto muito: "Ninguém é ninguém sozinho". Peço licença para parafraseá-la: "Ninguém é alguém sozinho". Daí, poder contar com um profissional, cuja relação, muitas vezes, vira cumplicidade, dentro de total profissionalismo, potencializa sua produtividade. Por isso é muito comum que executivos que iniciam em uma nova posição, em um novo desafio, levem seu assistente administrativo consigo.

Pensando em como você pode ser mais assertivo em relação a esse profissional, compartilho algumas reflexões.

Comunicação qualitativa

A comunicação de qualidade é a base deste processo e deve estar presente em todas as fases: desde a requisição da vaga à convivência cotidiana.

É imperativo que o executivo deixe bem claro ao departamento de recursos humanos os requisitos do cargo. Até porque, ainda se paira dúvidas no próprio departamento quanto ao que de fato faz um assessor executivo. Nota-se o recrutamento ainda com foco tão somente nas práticas operacionais, inerentes à profissão, inclusive regulamentada por lei (ainda que passível de urgente atualização). Por isso, a comunicação quanto aos requisitos deve ser claríssima.

Processo seletivo

O processo seletivo deve, sim, incluir dinâmicas iguais ou equivalentes aos cargos executivos para se garantir a mentalidade estratégica que se busca. Há relatos de instituições cujo profissional de assessoria estratégica teve que desenhar a própria descrição de cargo por não existir nenhuma outra atuação como a que estava sendo contratada.

No processo seletivo já se deve, portanto, buscar um profissional que venha a ser estratégico e não meramente operacional. Em se tratando de uma posição já existente, cuja atuação esteja aquém das expectativas do executivo, é preciso ter uma relação clara e dialogada, bem explanada, para se evidenciar o nível de importância na condução estratégica da empresa e ativar um *mindset* de reposicionamento desse assessor.

Job rotation e educação continuada

Uma excelente ação com resultados reais, palpáveis e até mensuráveis é a concessão de um *job rotation* ao assessor. Visitar e vivenciar cada área e departamento da organização é o requisito para se ter visão global. Trata-se de uma estratégia inegavelmente eficaz. Conhecer o todo é fundamental para se alcançar uma efetiva ação local integrada ao propósito do negócio.

Temos um *case* de uma assistente executiva que passou no processo seletivo para a presidência de uma grande companhia. Entretanto, ao ser chamada para aceite do cargo, impôs a condição de, durante um ano, percorrer cada setor e área da empresa, antes de assumir a posição, o que foi prontamente aceito pelo executivo. Pode-se ter um *job rotation* ainda que não se saia da mesa de trabalho, desde que se estabeleça uma comunicação estruturada e efetiva com os gestores e colegas das áreas. Todavia, o resultado será muito maior *in loco*. Visitar fornecedores, receber e escutá-los, agir estrategicamente em negociações contribui igualmente na ampliação da visão do todo.

Importante e muito eficaz é também propiciar educação continuada ao assessor, não somente em sua efetiva área de atuação, mas em outras relativas e pertinentes ao *core business* da empresa. Todavia, é importante que esse profissional tenha a percepção, a consciência e a maturidade de que, se o cargo que ocupa pertence à empresa, a gestão de sua carreira pertence exclusivamente a ele.

Autopercepção

É necessário autopercepção a fim de identificar suas lacunas e procurar fontes de conhecimento que sejam ou não subsidiadas pela empresa. Uma boa explanação pode ser a solução. Estamos falando de um profissional com atuação diversificada, cuja formação específica tem sido balizada, como um "currículo invejável". Pela natureza de sua formação, já nascem, profissionalmente, inquietos. Sedentos, são multifacetados. Se durante a atuação se distanciar de seu compromisso, abertamente assumido em público, resta-lhe reencontrar sua essência. "Se não for pelo amor, será pela dor", como sempre dizemos.

Estes são pontos fundamentais para que o assessor executivo seja um verdadeiro agente facilitador. Minha experiência pessoal por vinte e quatro anos na assessoria executiva endossa todas as premissas aqui trazidas. A vivência real, cotidiana, de potencializar a atuação de executivos, de antecipar-se e antever possíveis situações antes que se transformassem em problemas, valida cada passo do processo.

Dominar não apenas a língua materna, mas, no mínimo, outras duas ou mais línguas estrangeiras, dada a quebra de fronteiras instauradas pela comunicação digital. Saber fazer a leitura dos números apresentados em um gráfico, em uma reunião estratégica. Dominar as tecnologias emergentes, antes de ser por elas sucumbido, e utilizá-las como instrumento de otimização de tempo, seu e do executivo. Ter profundo e legítimo autoconhecimento. Além de estar instrumentalizado pela comunicação não violenta, cuja prática já pressupõe a inteligência emocional fazendo de ambas uma simbiose com profundo impacto nas relações interpessoais corporativas. Mas, acima de tudo, ter uma disposição verdadeira para atuar em parceria com o executivo. Esses são alguns pressupostos do assessor executivo estratégico.

Olhando por todos esses ângulos, quero que você não subestime o potencial de um assessor executivo estratégico. Neste cenário de globalização, a conectividade sem fronteiras entre tudo e todos acelera exponencialmente o intercâmbio pessoal e profissional, provocando que o assessor executivo assuma, integralmente, o papel de um agente de conexão, facilitando a interface entre clientes internos e externos, fornecedores, parceiros, gerenciando informações, administrando procedimentos de trabalho, preparando e organizando processos para que soluções e decisões sejam tomadas com qualidade e foco em resultados, sempre atuando ao lado do poder decisório, posição esta que lhe demanda maior responsabilidade, envolvimento e comprometimento.[32] Aliados à exigência de visão global, da organização em que esteja atuando, como já citado, do mercado nacional e do internacional, reunindo não apenas competências técnicas, mas, principalmente, comportamentais. Sua atuação estratégica permite-lhe a junção do fazer e do assessorar, adotando ferramentas tecnológicas, tanto quanto suas habilidades de relacionamento, administração de conflitos, atento aos objetivos e metas, e, ainda, com habilidade de comunicação com todos os *stakeholders*. Qual executivo não deseja ter um parceiro assim ao seu lado?

32 MATA, M. A. O papel do secretário executivo na estrutura organizacional e na condução das relações humanas. In.: PORTELA, K. C. A.; SCHUMACHER, A. J. **Gestão secretarial: o desafio da visão holística**. Cuiabá: Adeptus, v. 1, 2009.

Ter um assessor estratégico que atue como parceiro do executivo e que realmente entenda o quanto necessita de sua sintonia, sua criatividade, seu rápido entendimento dos códigos ditos e não ditos, sua visão da empresa como um todo e não feudos, seu discernimento do urgente e do importante, sua percepção quanto a seu estado de humor, sua percepção quanto ao clima organizacional e o ambiente, faz toda a diferença à produtividade do gestor. Em suma, **a assessoria executiva é uma relação de parceria confiável e experiente que fará com que você possa focar no que é mais importante e estratégico para o negócio em direção ao sucesso da organização**.

Preparamos um ambiente especial e on-line para que você possa testar o que aprendeu neste capítulo. Acesse o link a seguir e mergulhe em uma gamificação exclusiva dos inquietos por natureza.

http://bit.ly/inquietos16

POTENCIALIZE SUA GESTÃO COM ASSESSORIA EXECUTIVA ESTRATÉGICA

17

DIVERSIDADE é QUESTÃO DE SUSTENTABILIDADE DAS ORGANIZAÇÕES

Monique Stony, psicóloga, mestre em administração e executiva de recursos humanos internacionalmente premiada, com experiência em empresas multinacionais de consultoria de gestão e bens de consumo. Criadora do movimento Mães na Liderança, que ajuda mulheres a conciliarem carreira e maternidade. Também é mentora de liderança, palestrante e autora do best-seller *Vença a síndrome do degrau quebrado* (2023) também pela Gente. O livro traz um método que liberta a mulher de ter que fazer a escolha cruel entre ser uma mãe presente ou uma profissional de sucesso. A quebra de paradigma acontece quando ela entende que pode construir o próprio degrau de ascensão pessoal e profissional.

PARA SABER MAIS SOBRE A AUTORA:

@maesnalideranca

Monique Stony

www.moniquestony.com.br

#diversidade
#empresasdesucesso
#equidadenaliderança

MONIQUE STONY

Foco apenas em resultado financeiro é coisa do passado. O sucesso empresarial deixou de ser medido por seus *stakeholders* tão somente pelo resultado econômico e passou a incluir também o impacto ambiental e social gerado pelas empresas. Vou além: a presença de diversidade na liderança é parte fundamental dos negócios que se preocupam com o futuro. E se você não está olhando para esses fatores, é preciso cuidar para que esteja atualizado em relação a isso. Ficou com dúvidas? Fique aqui porque vamos bater um papo neste capítulo sobre esse assunto.

A verdade é que empresários e líderes de negócio estão inquietos tentando adotar práticas ambientais, sociais e de governança (ou ESG em inglês) como uma forma de se adequar às novas exigências do mercado. Existe pressão de órgãos regulamentadores do mercado financeiro, de movimentos sociais por mais diversidade e inclusão, *feedback* em tempo real dos consumidores por meio de redes sociais e requerimentos de investidores para avaliação dos negócios por meio de critérios que vão além dos tradicionais indicadores, como rentabilidade, competitividade, solidez, níveis de endividamento, entre outros.

Em outras palavras, o ESG implica uma mudança de paradigma, encorajando empresas a minimizarem ou equalizarem os impactos negativos e potencializarem os positivos de suas operações. Se por um lado existe pressão de diversas frentes para avançar na adoção de práticas ESG, o que normalmente inclui o aumento de representatividade feminina nos conselhos empresariais, por outro a solução do problema não é nada simples nem rápida.

Existe uma espécie de "degrau quebrado" no caminho de ascensão profissional das mulheres. E esse é um problema mundial. De acordo com dados do Fórum Econômico Mundial, precisaríamos de mais 131 anos para fecharmos a lacuna global entre gêneros.[33] No Brasil, embora as mulheres sejam a maioria entre as graduandas em universidades no país, elas têm acesso a 33% menos oportunidades econômicas do que os homens. Ocupam apenas 37% dos cargos gerenciais, 15% das posições de alta liderança e 3% de cargos de presidência.[34]

O aumento da expectativa de *stakeholders* com relação às empresas e seus impactos acarreta em cobrança contínua por mais diversidade na alta administração. O novo regulamento de emissores da Bolsa de Valores do Brasil (B3) entrou em vigor e determina que as companhias listadas na Bolsa adotem

33 Global Gender Gap Report 2023. Genebra: World Economic Forum, 2023. 382p. Disponível em: https://www.weforum.org/reports/global-gender-gap-report-2023/?gclid=CjwKCAjw5_GmBhBIE iwA5QSMxFwtTsMrLHEHKTzoYjg9ZB9DOzwQYUi2JrdeyRqOoWR_FnsQx59hRxoCDdgQAvD_BwE. Acesso em: 15 ago. 2023.

34 IBGE. Estatísticas de Gênero - Indicadores sociais das mulheres no Brasil, 2a. ed. **Estudos e Pesquisas, Informação Demográfica e Socioeconômica,** 2021.

práticas ESG mediante apresentação de evidências da adesão ou de justificativa escrita e devidamente explicada para a não adoção, a ser reportada à Comissão de Valores Mobiliários (CVM).[35] Entre as medidas, está a eleição de pelo menos uma mulher e um membro de comunidade sub-representada como membro titular do conselho de administração ou da diretoria estatutária.

Outro dado que reforça a urgência de as empresas encararem seriamente esse desafio foi revelado por um relatório da PwC, que constatou que 77% dos investidores institucionais pesquisados planejam parar de comprar produtos não ESG no curto prazo. No entanto, ainda existe um longo caminho com obstáculos a serem percorridos pelos empresários até conseguirem se adequar aos critérios ESG.

No que diz respeito à inclusão de gênero na alta liderança, um levantamento feito pela B3 mostrou que 55% das organizações listadas na bolsa e participantes da pesquisa não têm nenhuma mulher entre seus diretores estatutários e 36% não possuem participação feminina no conselho de administração.[36]

Sendo assim, ao longo da minha trajetória como executiva de empresas multinacionais de grande porte, já apoiei e liderei diversos movimentos com o objetivo de aumentar a diversidade e a inclusão. Geralmente, os profissionais de recursos humanos ficam com a responsabilidade de liderar iniciativas que aumentem o número de mulheres em cargos de liderança. São implementadas diversas ações, como palestras de conscientização dos funcionários, comitês de diversidade, busca ativa de mulheres nos processos de recrutamento e seleção e programas de treinamento e desenvolvimento de liderança focados para mulheres.

Uma energia enorme é dispensada, além do investimento de tempo e dinheiro nessas iniciativas. E o resultado? Muitas vezes, é como voo de galinha. Parece que o plano vai decolar, tem uma melhoria temporária nos índices de diversidade, mas pouco tempo depois, tudo cai por terra. Contrata-se uma mulher e promove-se outra para cargos de liderança, mas um ano depois, uma é demitida por não ter "se adaptado à cultura" e a outra pede demissão para assumir um cargo melhor em outra empresa, levando junto outra mulher considerada um talento com potencial. As situações podem variar, mas em geral o sentimento é de frustração, de estar enxugando gelo,

35 CVM aprova medidas propostas pela B3 para aumentar diversidade em diretoria e conselhos de administração de empresas listadas. **B3**, São Paulo, 20 jul. 2023. Notícias (Anexo ASG). Disponível em: https://www.b3.com.br/pt_br/noticias/cvm-aprova-medidas-propostas-pela-b3-para-aumentar-diversidade-em-diretoria-e-conselhos-de-administracao-de-empresas-listadas.htm. Acesso em: 15 ago. 2023.

36 MULHERES e pessoas negras seguem distantes dos cargos de alta liderança das empresas de capital aberto. **B3**, São Paulo, 8 ago. 2023. Notícias (Mulheres em ações). Disponível em: https://www.b3.com.br/pt_br/noticias/mulheres-e-pessoas-negras-seguem-distantes-dos-cargos-de-alta-lideranca-das-empresas-de-capital-aberto.htm. Acesso em: 15 ago. 2023

porque existe esforço, mas o resultado demora muito a aparecer ou não se sustenta. Você avança uma casa e volta duas.

O fato, portanto, é que caiu no nosso colo a resolução de um passivo enorme de séculos de iniquidades que afastaram as mulheres dos cargos de liderança. O problema é multifatorial, com causas históricas, sociais, econômicas e emocionais que deram fruto à lacuna de gênero que vemos hoje no Brasil e no mundo. Ter acesso à informação escancara o problema que, nesse caso, é estrutural. E esse é um caminho sem volta. Uma vez que você entende como ele foi consolidado, não há como não se incomodar.

Existe uma grande lacuna de tempo entre homens e mulheres conquistarem seus direitos e acesso à educação. A construção social da mulher ao longo dos séculos enraizou como seus principais papéis ser mãe, esposa e cuidadora do lar, o que a tornou, pela maior parte do tempo, praticamente invisível no que diz respeito aos seus direitos econômicos e políticos. Esse problema se reflete ainda na infância, quando a menina não é encorajada a participar de brincadeiras relacionadas à ciência nem a competir, liderar ou desafiar. Quando ela cresce, não se vê representada nas pessoas que ocupam posições de poder nos diversos setores da economia. Quando se sente sobrecarregada, vê o desequilíbrio na divisão de tarefas com seus parceiros nos cuidados com a casa e com os filhos, além da falta de rede de apoio e de políticas públicas e privadas que a apoiem a trilhar sua trajetória profissional, vendo-se forçada a escolher entre a sua carreira e a maternidade.

O desconhecimento sobre essa situação, somado à falta de entendimento da diversidade como oportunidade para alavancar os negócios é o que falta para gerar incômodo e mobilização para a mudança.

Por isso, quero que você entenda que **trabalhar para melhorar a diversidade e inclusão na sua empresa não é um entrave, mas uma *real oportunidade* de dar uma guinada no seu negócio**. Quando essa perspectiva muda, as alavancas para o crescimento aparecem.

Um estudo da Bloomberg estimou que a eliminação da lacuna entre gêneros em relação a anos de escolaridade e participação na força de trabalho resultaria em um acréscimo aproximado de 20 trilhões de dólares ao PIB global em 2050.[37] Se as mulheres participassem da economia de modo igual aos homens, isso resultaria em um impulso de 2,6 trilhões de dólares na economia da América Latina e em um aumento em torno de 33% no Produto Interno Bruto (PIB) global.[38]

37 DUPITA, A.; GUPTA, A.; ORLIK, T. **Bloomberg Professional Services**, 2 ago. 2021. Disponível em: https://www.bloomberg.com.br/blog/quer-adicionar-usd-20-tri-ao-pib-empodere-as-mulheres/. Acesso em: 15 ago. 2023.

38 PERSPECTIVAS de gênero e inclusão nas empresas: impactos financeiros e não financeiros. **ONU Mulheres**, 1 set. 2021. Disponível em: http://www.onumulheres.org.br/wp-content/uploads/2021/09/Business-Case_Report-1-Portuguese.pdf. Acesso em: 23 ago. 2023.

No que diz respeito às organizações, estudos evidenciam que a presença de mulheres em posições de tomada de decisão gera maior retorno sobre o investimento, crescimento em vendas e maior retorno do fluxo de caixa sobre os investimentos.[39] Além disso, um ambiente diverso e inclusivo é mais propício para gerar inovação, reter talentos e reforçar o orgulho de pertencer.[40] Qual empresário não gostaria de ter esses resultados em seus negócios? Não conheço nenhum! Mas é preciso ter um método para chegar lá.

Por isso, a partir de agora apresentarei alguns passos para que você consiga implementar tudo o que falamos até agora em seu empreendimento. Os erros e acertos que acumulei ao longo da minha jornada corporativa contribuíram para que eu percebesse que existe um padrão entre as iniciativas que dão certo. E da minha inquietude surgiu o Método PIPA para ajudar líderes a promoverem diversidade e inclusão de maneira assertiva, efetiva e sustentável. Vamos ver sobre cada um dos passos?

Perceber

O primeiro passo é *perceber*. Realize um diagnóstico do seu negócio para entender que tipo de diversidade ele precisa. E esse exercício deve refletir não somente as necessidades atuais da sua empresa como a visão futura do negócio, que deve ser incorporada desde agora. É preciso analisar também os seus clientes atuais e futuros.

Você tem uma representação deles, de seus desejos, valores e modo de pensar e agir no seu quadro de liderança e de tomada de decisão? Estude sobre o contexto social, histórico e econômico que afasta esse perfil diverso das posições de liderança. Esse passo é importante para criar consciência sobre o *gap* e provocar apetite por mudança.

Incomodar-se

O segundo passo é *incomodar-se*. A alta liderança da sua organização precisa entender as oportunidades de negócio que está perdendo ao não incorporar a diversidade de que precisa na empresa.

Mais do que isso: precisa se sentir inquieta, inconformada, com mentes e corações mobilizados para liderar a transformação. Aqui a organização precisa explorar e discutir alternativas para pôr em prática em prol da melhoria da diversidade e inclusão na empresa. Sem real incômodo não há ação.

Pivotar

O terceiro passo é *pivotar*. Redirecione estrategicamente o seu negócio para se adaptar às necessidades dos seus *stakeholders*. Este passo deve começar pela alta liderança.

39 Ibid. 2021.

40 Ibid. 2021.

O conselho precisa tomar uma decisão de transformar a empresa e estar 100% comprometido com a mudança. Trata-se de assumir um compromisso público com a organização, comunicar e fazer valer mudanças nas políticas internas e práticas de apoio ao aumento da diversidade e inclusão, investir recursos e estabelecer KPIs para gerenciamento da transformação.

É preciso ter coragem, liderar pelo exemplo, ter humildade e mente aberta para testar, aprender e ajustar ao longo do processo.

Aliar-se

O quarto e último passo é *aliar-se*. De modo bem simples, cada líder deve se tornar um aliado visível, comprometido e disponível para intervir, remover barreiras na atração, desenvolvimento e progressão de carreira de talentos das minorias.

Direcione o restante da organização a fazer o mesmo. Aqui não basta patrocinar comitês de diversidade, promover campanhas e treinamentos internos ou mentorias executivas. É preciso se posicionar de modo a honrar o compromisso de não tolerar ações discriminatórias e não inclusivas em todos os níveis da organização e aplicar ações afirmativas para acelerar a mudança. É sobre agir com integridade e consistência, seja no ambiente público ou no privado, para vencer as adversidades ao longo da jornada de transformação do negócio.

Agora que você já tem os passos necessários para implementar mudanças, quero trazer um pouco da minha trajetória nesse sentido.

Anos atrás, apoiei uma empresa de bens de consumo no seu processo de transformação do negócio. Algumas de suas prioridades estratégicas incluíam diversificar produtos e diminuir custos operacionais para que conseguisse manter seu bom nível de retorno aos investidores e, a longo prazo, a sustentabilidade do negócio.

Criaram uma área de parcerias e inovações com o intuito de buscar ideias de novos negócios e testar sua viabilidade. No início, o time tinha pouca diversidade, composto por homens, em geral, com o mesmo *background* de experiência. Surgiam ideias, mas em sua maioria com mudanças incrementais nas linhas tradicionais já trabalhadas pela companhia.

O presidente atentou-se para a necessidade de melhorar a diversidade de talentos e mobilizou recursos para apoiar ações de promoção da diversidade na empresa. Implementamos o método PIPA. Enfrentamos muita resistência, pois os líderes diziam que não entendiam para que tanta energia para atrair e reter talentos diversos se o mais importante era ter "diversidade de pensamento". Foi uma batalha conscientizá-los de que a diversidade de pensamento vem quando incluímos pessoas também diversas, em gênero, etnia, condição social, formação educacional, orientação sexual, pessoas com deficiência, entre outros tipos de diversidade.

Agimos bastante no segundo pilar para gerar o incômodo que precisavam para entender que aquilo era uma oportunidade de negócio e não apenas uma questão de responsabilidade social. Analisamos que 55% dos consumidores dos produtos da empresa eram mulheres, enquanto a empresa empregava menos de 30% de mulheres em suas posições de liderança. Assim, realizamos um recrutamento focado em mulheres, que passaram então a integrar o time de parcerias e inovações.

Em menos de três meses, uma das colaboradoras compartilhou uma ideia disruptiva de produto que representava uma demanda reprimida das consumidoras. E esse acabou sendo o produto vendido em parceria com uma das melhores margens operacionais para a companhia, trazendo bastante retorno financeiro. A partir daí, o investimento em diversidade e inclusão se pagou, os níveis de resistência sobre o tema caíram e a diversidade passou a ser não somente bem recebida como solicitada na organização.

Para que você possa atuar como verdadeiro aliado por diversidade e inclusão, leia e recomende o livro *Vença a síndrome do degrau quebrado*. Foi um projeto que criei para ajudar mulheres e aliados a entenderem as causas históricas, sociais e econômicas que originaram as iniquidades de gênero que vemos hoje e para que possam, portanto, tomar conhecimento de pesquisas que evidenciam o tamanho do desafio que elas enfrentam ao conciliar carreira e maternidade e a conhecerem o exclusivo Método ALTA – teoria e prática –, que as ajuda a obter sucesso e realização como mães e profissionais, criando o próprio degrau de ascensão pessoal e profissional.

www.maesnalideranca.com.br/livro-bonus

Desse modo, a adoção de práticas ESG não se trata mais apenas de uma questão de competitividade, mas de sustentabilidade dos negócios a longo prazo. Essa é a direção para qual o mercado está caminhando e não tem mais volta. As organizações que aproveitarem o movimento para incorporar ESG no seu DNA estarão à frente de seus concorrentes que continuam perdendo tempo e energia resistindo à mudança dos requerimentos do mercado.

Sabemos, infelizmente, que ainda temos muito a fazer enquanto sociedade para diminuir as desigualdades de gênero nos diferentes campos econômicos, políticos e sociais. E é justamente por isso que precisamos agir agora.

Aplique o método PIPA e faça o que é correto não apenas para o seu negócio, como para a sociedade. Internamente, o incentivo à diversidade e inclusão contribui para melhorar decisões empresariais e resultados financeiros, promove um ambiente organizacional psicologicamente mais saudável para os colaboradores, aumenta o seu engajamento e orgulho de pertencer, fomenta a inovação e fortalece a cultura da empresa.[41][42] Externamente, contribui para mudanças estruturais, sociais e econômicas, para uma maior satisfação dos *stakeholders*, incluindo acionistas e consumidores, uma vez que colabora para o fortalecimento de suas marcas e reputação organizacional, para maior perenidade e saúde do negócio, atenuando ou mitigando seus riscos.

Então, seja inquieto por diversidade! Abrace e lidere essa oportunidade. Use os ventos da mudança a seu favor para colocar sua pipa no ar, dar uma guinada no seu negócio e fazê-lo voar. Mas lembre-se: é de sua responsabilidade enquanto líder entender que a pipa não chega ao alto sozinha. Você precisa tomar ações para empiná-la. Deve estudar as condições do tempo, a direção em que os ventos estão favoráveis, quais equipamentos necessitará e quem apoiará você na tarefa de colocar esse projeto para voar, bem como mantê-la no alto e guiá-la para seguir na direção correta.

Se você perde o foco e a sustentação, a pipa não permanece no alto por muito tempo. Não existe outro modelo de negócios que se sustente no longo prazo que não seja aquele em que pessoas, planeta e lucro caminham lado a lado e de mãos dadas.

Preparamos um ambiente especial e on-line para que você possa testar o que aprendeu neste capítulo. Acesse o link a seguir e mergulhe em uma gamificação exclusiva dos inquietos por natureza.

http://bit.ly/inquietos17

41 LEWGOY, J. Ações de empresas com mulheres na liderança têm retornos bem superiores ao do Ibovespa. **Valor Investe**, São Paulo, 8 mar. 2023. Disponível em: https://valorinveste.globo.com/mercados/renda-variavel/noticia/2023/03/08/acoes-de-empresas-com-mulheres-na-lideranca-tem-retornos-bem-superiores-ao-do-ibovespa.ghtml. Acesso em: 17 ago. 2023.

42 PERSPECTIVAS de gênero e inclusão nas empresas: impactos financeiros e não financeiros. **ONU Mulheres**, 1 set. 2021. Disponível em: http://www.onumulheres.org.br/wp-content/uploads/2021/09/Business-Case_Report-1-Portuguese.pdf. Acesso em: 17 ago. 2023.

FAZER DIFERENTE

18

COLOQUE O CLIENTE NO CENTRO DE SUAS DECISÕES TECNOLÓGICAS

Fernando Sapata é palhaço por propósito e executivo na área de tecnologia da informação por vocação. Com mais de vinte e dois anos de experiência, começou a desenvolver com 13 anos utilizando DBase III Plus, Basic e Clipper Summer 87. Atualmente está na Amazon e ajuda clientes em suas jornadas de adoção de nuvem.

Já são mais de duas décadas trabalhando com tecnologia da informação em diversas áreas como consultorias, telecomunicações, computação em nuvem, serverless e mais uma porrada de siglas em grandes empresas como a AOL, Vivo, Dell EMC, Itaú e Amazon, a última pela qual passou.

É CTO (Chief Technology Officer), mentor de carreira em tecnologia, escritor, membro do conselho de algumas startups e palestrante internacional.

Coautor do livro *AWS Certified Security Study Guide*, host do podcast oficial da Amazon Web Services (AWS) no Brasil, do podcast Jump of the Cast e professor de MBA. Seu propósito é criar conexões por meio do olhar e das palavras, despertando emoções e conhecimento nas pessoas. Pai do Lipão, da Duda e marido da Elisângela.

PARA SABER MAIS SOBRE O AUTOR:

 @sapatafernando

 /fernandosapata

 www.fernandosapata.com.br

#ti
#tecnologiadainformação
#inovação

FERNANDO SAPATA

Seja você um microempreendedor individual ou um executivo de uma grande corporação, é bem provável que, diariamente, precise tomar decisões a respeito de tecnologias que nem você nem a sua equipe dominam. Aplicativos, sistemas, automações... não tem como escapar de momentos em que recai sobre você a escolha de qual adoção tecnológica seu negócio fará para se manter produtivo, competitivo e atualizado. Isso tem acontecido porque, com o passar dos anos, o surgimento de novas linguagens de programação, novos padrões de arquitetura de software e o aumento das possibilidades na construção de aplicações, tem refletido na complexidade dos ambientes de tecnologia de informação das organizações.

Para ilustrar melhor essa situação, trarei um exemplo simples que fará você identificar diversos outros no seu dia a dia. Você já precisou escolher um provedor de hospedagem para o seu site? A quantidade de opções é tanta, que você gastará horas analisando cada um dos requisitos: funcionalidades, valores, vantagens e desvantagens de cada provedor. Ao fim, escolherá seu provedor sem ter a certeza absoluta de ter feito a melhor escolha. Essa escolha que, em tese, deveria ser simples, torna-se complexa e reflete diretamente na velocidade e no custo dos sistemas que serão desenvolvidos, além de impactar nas habilidades necessárias para o desenvolvimento, suporte e operação dos mesmos sistemas.

Perceba que a escolha dos componentes de tecnologia do seu negócio influenciará diretamente no seu processo de contratação, no desenvolvimento das pessoas e na velocidade com que a sua empresa inova. Por isso, utilizar tecnologias que ainda não possuem um propósito claro ou até mesmo aquelas que são consideradas obsoletas, terá um custo maior de contratação, desenvolvimento e operação, pois a quantidade de profissionais qualificados e disponíveis é menor quando comparamos com tecnologias que já estão em um estágio de adoção mais avançado.

Como resultado, imagine-se olhando para a tarefa de escolher uma plataforma de comércio eletrônico para lançar o seu negócio on-line. A pressão do mercado para oferecer uma experiência digital excepcional é iminente, e cada escolha tecnológica determina a velocidade com que você poderá lançar a sua loja virtual, atender às demandas dos clientes e manter-se competitivo.

Da mesma forma, executivos de grandes corporações estão cientes de que suas decisões em relação às tecnologias que irão suportar a infraestrutura e as operações da empresa têm um impacto de longo prazo. A demora na adoção de tecnologias eficientes pode resultar em ineficiências operacionais, perda de oportunidades de mercado e desafios na atração e retenção de talentos, dada a escassez de profissionais qualificados em tecnologias obsoletas. E essa urgência é ainda mais acentuada pela concorrência global, em que empresas que dominam tecnologias emergentes ganham uma vantagem significativa.

O fato é que as empresas sentem a pressão de acompanhar o ritmo acelerado das mudanças tecnológicas temendo ficar para trás ou perder oportunidades valiosas para competidores mais ágeis e que se adaptam com maior velocidade, porém o sentimento é de incerteza na tomada de decisões tecnológicas. A sobrecarga ao enfrentar a vasta gama de opções disponíveis é enorme e o sentimento de dúvida pode ser agravado pela constante evolução que o mercado passa, em que o que é considerado uma escolha ideal hoje pode se tornar obsoleta em pouco tempo.

Outro sintoma que percebo é a dificuldade na formação e na gestão das equipes conforme a complexidade tecnológica aumenta no negócio. Nesse sentido, existe o desafio de encontrar profissionais qualificados e experientes em tecnologias emergentes.

Assim, o desafio de identificar talentos que compreendam e dominem as mais recentes linguagens de programação e os padrões de arquitetura pode causar preocupação, uma vez que a disponibilidade desses profissionais é limitada. Além disso, gerenciar uma equipe que trabalha com uma variedade de tecnologias aumenta a complexidade operacional, requerendo habilidades de liderança adicionais.

A partir de minha experiência, vejo que existem duas grandes causas para tudo isso que apresentei a você: *rápida evolução tecnológica* e *recursos limitados*.

A primeira diz respeito à constante evolução das tecnologias, que torna desafiador para os indivíduos acompanharem as últimas tendências e escolherem as opções mais adequadas para as suas necessidades. O surgimento de novas linguagens de programação, padrões de arquitetura e ferramentas sobrecarregam os profissionais, gerando incerteza sobre qual é a melhor tecnologia a ser adotada. Com a variedade de opções disponíveis, muitos indivíduos não têm conhecimento profundo ou experiência em todas as tecnologias relevantes para o negócio. Isso resulta em decisões baseadas em informações superficiais, levando a escolhas inadequadas.

Aqui vale um parênteses importante. Já vi casos em que executivos escolheram determinadas tecnologias enquanto jogavam golfe com outros executivos de diferentes empresas e até mesmo diferentes segmentos. É sério! Fico imaginando o momento que antecipava aquela tacada final e um executivo diz para o outro: "Acabei de comprar um novo pacote de CRM! Acho que você deveria experimentar também!". Essa é uma decisão muito estratégica para ser tomada sem qualquer alinhamento ou estudo aprofundado de como a mudança impactará a organização.

Já a questão dos recursos limitados refere-se tanto em termos de tempo, dinheiro como também de talentos. Em outras palavras, é o desafio de alocar recursos para avaliar e adotar novas tecnologias, limitando a capacidade das organizações de explorar a fundo as opções disponíveis e tomar decisões assertivas. Em áreas de tecnologia de ponta, a demanda por profissionais qualificados supera a oferta. Isso resulta na falta de recursos humanos especializados em tecnologias emergentes, dificultando a formação de equipes eficientes.

Desse modo, criar um ambiente adaptável com aprendizado contínuo, experimentação constante e colaboração efetiva é fundamental para tomar melhores decisões tecnológicas e enfrentar os desafios na evolução dos negócios com foco no cliente.

A rápida evolução e as mudanças constantes dos negócios exigem uma abordagem adaptável. Praticar aprendizado contínuo e experimentação constante permite que as organizações e os indivíduos estejam preparados para se ajustar a novos desafios e oportunidades.

A experimentação constante está diretamente relacionada à inovação, pois assim as empresas podem identificar novas soluções, produtos ou serviços que atendam às necessidades dos clientes e do mercado. Já a cultura de aprendizado contínuo cria um ambiente propício para o desenvolvimento e engajamento das equipes envolvidas no desenvolvimento dos produtos e serviços. Os colaboradores se sentem valorizados e encorajados a contribuir com ideias e soluções inovadoras.

Por isso, sei e afirmo que empresas e pessoas inquietas por natureza estão em busca constante de oportunidades para resolver problemas dos clientes e gerar valor para os seus negócios. Já foi o tempo em que o time de TI era visto como um "tirador de pedidos" e como custo nas empresas. Atualmente, a tecnologia da informação faz parte do negócio e influencia diretamente na estratégia das organizações. Por isso, falaremos a seguir sobre três passos fundamentais para que você vença nesse mercado.

Saiba quem é o cliente

Durante muito tempo trabalhando com tecnologia da informação no mundo corporativo, nunca entendi a frase: "Precisamos atender ao nosso *cliente interno*". Vou contar um segredo para você: o *cliente* não é outra área dentro da sua empresa, o cliente é aquele que, neste momento, está comprando de você, consumindo os seus produtos e serviços, acreditando que a sua empresa pode ajudá-lo a resolver um problema.

Saiba do que ele precisa

Agora que você já sabe quem é o cliente, o próximo passo é saber do que ele precisa. Já trabalhei com diferentes abordagens sobre esse tema, basicamente divididas em dois grupos.

O primeiro é daquelas empresas que primeiro criam um produto, e depois ele é enviado para o marketing com a dura missão de lançar o produto no mercado. Neste grupo, estão os produtos que, normalmente, resolvem os problemas da empresa e não os problemas do cliente de fato.

Já o segundo grupo é formado por empresas que têm o cliente como foco desde o início do processo de desenvolvimento das soluções. Perguntas como: quem é o cliente, qual é o problema ou a oportunidade do cliente, e qual é a coisa mais importante para o cliente, são importantes para ter clareza sobre o que será construído.

Saiba validar os recursos

Após a definição clara do que vai gerar valor para o cliente, é preciso validar se os recursos de tecnologia disponíveis na organização são as melhores opções para iniciar o processo de desenvolvimento do Mínimo Produto Viável (ou Minimum Viable Product em inglês, MVP).

O processo de prototipação, ou criação do MVP, é uma oportunidade para experimentar novas tecnologias. E caso você descubra algum problema ou dificuldade, o impacto para o negócio tende a não ser grande, afinal, você está testando em um ambiente controlado que possui idealmente um pequeno número de clientes validando a solução. Em contrapartida, caso as tecnologias escolhidas mostrem sua efetividade, é um excelente momento para aprender a melhorar a operação e o suporte das opções escolhidas.

Seguindo em direção ao fechamento do capítulo, vamos a uma história.

Durante um café com um amigo chamado Renato Barbosa, ele comentou que estava com uma ideia um tanto quanto maluca. Queria fazer uma geladeira falar. Sim, caro leitor, você não leu errado. E para isso acontecer precisaríamos desenvolver algum mecanismo que pudesse se comunicar com as pessoas.

O ano era 2016, no auge do surgimento dos chatbots (robôs que conseguiam simular a conversa com humanos). Iniciamos alguns testes utilizando as soluções existentes na época, porém nenhuma delas estava entregando o resultado que buscávamos, e então, decidimos desenvolver nossa própria solução de entendimento de linguagem natural.

Depois de decidirmos alguns componentes que seriam utilizados, iniciamos o processo de prototipação incluindo etapas recorrentes de validação do que estava sendo desenvolvido, ou seja, semanalmente apresentávamos o resultado do trabalho para algumas pessoas para avaliarmos se estávamos no caminho certo.

No início, o produto era bem simples, mas com as informações coletadas a cada semana melhorávamos e adicionávamos cada vez mais funções que os clientes pediam. Ter clareza de quem era o cliente para conseguirmos capturar a percepção dele no menor prazo possível, e não estar amarrado em um plano restrito, ajudou-nos a experimentar coisas novas e a entregar uma solução que era relevante a cada novo ciclo de desenvolvimento. Com a mesma velocidade, conseguimos descartar o que não estava funcionando e, por consequência, levando-nos para a direção errada.

Utilizando este método de prototipação e experimentação constante conseguimos construir em pouco tempo um produto que conseguia simular a comunicação humana e que conseguiria fazer uma geladeira falar! Não é incrível? Esse foi um grande marco para a minha carreira e acredito que ilustra perfeitamente o que é possível fazer a partir dos passos que apresentei.

Como indicação de leituras extras, quero deixar duas obras que foram muito importantes para a minha jornada. São elas:

1. *Obsessão pelo cliente* – Colin Bryan e Bill Carr

É uma análise interna da Amazon sobre a sua cultura, liderança, práticas internas e um guia de lições e técnicas que você pode aplicar à sua empresa e carreira a partir de agora. Neste livro, dois executivos da Amazon revelam os princípios e práticas que impulsionaram o sucesso de uma das empresas mais extraordinárias do mundo.

2. *A arte de pensar claramente* – Rolf Dobelli

Aqui você encontrará um olhar revelador sobre a psicologia humana e o raciocínio, mudando a maneira como você pensa e toma decisões. Ele detalha uma lista de vieses que destacamos aqui no capítulo, como o viés da disponibilidade e a tendência de regresso à média.

Sendo assim, antes de decidir quais são as soluções de tecnologia que você adotará em sua empresa, tenha clareza de qual problema precisa ser resolvido, seja um problema do seu cliente ou um problema organizacional. Antes de sair desenvolvendo o produto ou a solução para só depois enviar para o departamento de marketing fazer o lançamento, tenha clareza de quem é o cliente e o que é relevante para ele.

Crie um ambiente em que seja possível recalcular a rota rapidamente, em que cada erro se torne um novo aprendizado. Entenda o que funciona e escale para toda a organização. Permita que todas as pessoas na organização possam tomar decisões e, caso ocorra um erro, coloque energia em entender o motivo do erro e não em descobrir quem foi o culpado. Ficar atrás dos culpados faz com que as pessoas tenham medo de inovar e assumir riscos.

Experimente novas tecnologias e novas abordagens para o desenvolvimento de produtos e soluções para os seus clientes. Com esses ingredientes, você melhora a colaboração dentro de sua empresa e fica mais fácil desenvolver, atrair e reter talentos. E lembre-se: é preciso identificar os superpoderes de cada uma das pessoas do seu time e desenvolver ainda mais essas habilidades. Temos a tendência de fazer o contrário, identificando em quais áreas as pessoas não estão performando e cobrando para que elas melhorem. Com essa atitude, estamos fazendo com que os profissionais fiquem na média.

A velocidade das inovações tecnológicas é exponencial e, definitivamente, não conseguimos controlá-la, menos ainda conseguimos prever o que está por vir nos próximos anos, quem dirá nas próximas décadas. O que de fato conseguimos controlar é a forma como iremos utilizar as tecnologias para resolver os problemas das pessoas e das organizações. Temos a capacidade de escolher como reagiremos a cada mudança e como utilizaremos cada nova tecnologia.

Por isso, é preciso ter muito claro que cada escolha que você faz diariamente tem um impacto no futuro de sua organização. Portanto, quando estiver frente a frente com uma escolha referente à tecnologia da informação, lembre-se de que dezenas, centenas e até mesmo milhares de pessoas serão impactadas por ela.

Preparamos um ambiente especial e on-line para que você possa testar o que aprendeu neste capítulo. Acesse o link a seguir e mergulhe em uma gamificação exclusiva dos inquietos por natureza.

http://bit.ly/inquietos18

19

A AMBIÇÃO ASSUSTA A MEDIOCRIDADE

Jovem empresário e investidor-anjo. **Theo Braga** é o CEO da Smart Money Education (SME), o maior ecossistema de educação executiva da nova economia do Brasil e já formou mais de 2 mil empresários e investidores. É mentor em mais de trinta startups e presidente do pool Smart Money em sociedade com a Bossa Nova Investimentos. Cofundador do Conselho Leaders, comunidade privada de cem sucessores e empreendedores self-mades dos maiores negócios do Brasil. Board member de outros negócios como: NonStop Produções, Reveillon Arcanjos, Poder da Família e MoneyOfferDeal. Host dos podcasts Papo com Anjo na Jovem Pan, e do Cola em Quem Sabe, na SME.

PARA SABER MAIS SOBRE O AUTOR:

 @bragatheo

#jovensnosnegócios
#ambição
#crescimento

THEO
BRAGA

A verdade é uma só: quem tem ambição assusta demais quem vive na mediocridade. Em outras palavras, todos aqueles que tentam inovar, fazer diferente e mudar o mundo um dia já foram julgados e criticados. No fundo, isso pode estar acontecendo com você.

Por isso, estou aqui para mostrar um pouco da minha visão em relação a esse assunto principalmente por ser um jovem que empreende e busca inovar e ganhar respeito independentemente do julgamento alheio. Se você se sente assim de alguma maneira, fique aqui porque temos muito a conversar.

Para começarmos, quero falar que, sendo jovem, sei que o respeito só vem com atitudes adequadas e com o passar do tempo. Uma cultura e postura de líder não são construídas da noite para o dia. Muito pelo contrário: ela é consequência de pequenas atitudes do dia a dia, errando e escutando com humildade para corrigir os erros visando o bem maior.

Por ser jovem, sei e sinto que é preciso fazer no mínimo o dobro que os demais para um dia ocupar um cargo superior. E a verdade é que muitos querem atalhos e não querem pagar o preço para o crescimento. Essa é uma das grandes questões que precisamos analisar em relação aos jovens que empreendem para que esse cenário mude. Para os que investem o tempo e energia em fazer diferente e ousar, o julgamento chega com toda a força e potência possíveis. Se você se deixar levar, ficará contaminado.

Outro ponto que percebo a partir das história que vejo ao meu redor é a convivência influenciando os nossos comportamentos e atitudes. Muitos jovens se deixam levar pelo pensamento dos outros e acabam sendo influenciados a não seguirem as suas ideias inovadoras.

Já temos como verdade que somos a média das cinco pessoas com as quais mais convivemos, e se você convive com pessoas que não o ajudam a crescer e evoluir, a mudança é sua responsabilidade. A lógica é simples: se você está ao lado de alguém que tem hábitos que não são saudáveis, você provavelmente também não se cuidará. Então, se estiver em um ambiente que não é favorável para o seu crescimento, quero que você tenha a certeza de que, muitas vezes, será necessário trocar geograficamente de lugar e de amigos para que possa crescer e evoluir. Muitos não vão entender, vão criticar e julgá-lo, mas você deve tomar essa decisão por mais difícil que seja.

Como jovem, portanto, a sua atuação deve ser guiada por exemplos. Você deve ter a postura de adulto maduro e a energia da juventude, tudo mantendo a paciência de uma águia para lidar com as situações que geram indignação. Essa capacidade de discernimento e autocontrole inspirará o respeito para as suas ações

Percebo que a geração jovem empreendedora se sente incapaz e desmotivada por todos aqueles que nunca vão fazer e inovar, pelas pessoas à sua volta que se mostram verdadeiros inimigos e, muitas vezes, por ser deixada na mão pelos amigos que mais considera. Muitos jovens empreendedores se deixam levar por críticas construtivas (destrutivas!) de pessoas que nunca construíram nada. Em minha percepção, o empreendedorismo e a inovação devem ser as diretrizes que regem a vida dos jovens. É preciso fazer mais com menos, inovar e honrar quem um dia precisou sair da zona de conforto para gerar conforto e uma vida diferente para as outras pessoas.

Sendo assim, a verdade é que se não remediarmos esse cenário e educarmos hoje os empreendedores brasileiros de que a resiliência é e deve ser uma das maiores características de um empreendedor, nunca vamos conseguir valorizar essa geração. **Empreender é a arte de ser chamado de louco, quebrar a cara todos os dias e se manter de pé e sorrindo.** É uma provação diária que verifica a sua resiliência e se você consegue seguir em frente mesmo perante o que parece ser impossível.

Sem isso, corre-se o risco de ser dominado por sensações de ansiedade e incapacidade. Muitos lidam com esses sentimentos pelo ambiente que frequentam, pela energia que respiram e pelas palavras que deixam entrar em seus ouvidos. Ao dar atenção para esse tipo de energia, você acredita e vai se adaptando a esses traumas como se fossem verdades. Em outra análise, o ambiente tanto pode ser prejudicial quanto solucionador.

Boa parte dos jovens vive nesse círculo vicioso de críticas, julgamentos e falta de experiências adequadas que os levem para direcionamentos positivos em relação ao futuro. Para mim, as pessoas que tentam diminuir os esforços desse grupo que é altamente capaz de inovar fazem isso porque não conseguem deixar o ego de lado e aceitar que os jovens podem, sim, apresentar soluções mais eficientes do que as daqueles que já estão no mercado há mais tempo.

Se pararmos para analisar, o crescimento e a força de vontade empreendedora dos jovens para inovar, crescer, se desenvolver e evoluir deveria ser vista como algo maravilhoso em todos os meios que frequentamos, entretanto percebo que existe esse sentimento ruim de que jamais estaremos à altura dos mais experientes.

Sendo assim, é preciso que você saiba que quem tem ambição assusta muito quem é medíocre. Essa é a verdade e você precisa ter clareza disso para que não se deixe levar por todos os fatores angustiantes que mencionei anteriormente. Não deixe nada parar os seus sonhos!

Justamente por isso – e para que você possa se preparar daqui em diante –, separei dois passos que levo comigo diariamente para que possa avançar e crescer. Eles são muito simples, porém poderosos para a reflexão que quero causar aqui.

Passo 1: esteja ao lado de quem agrega

Começarei falando sobre algo difícil, mas que é fundamental para você nesse momento: distancie-se dos pardais. Deixe os normais de lado.

Sabe aquelas pessoas que nunca construíram nada relevante, que puxam a régua para baixo e que não vibram com o seu sucesso e com as suas ideias? É exatamente sobre essas pessoas que estou falando. Esses são os falsos amigos e você não deve passar tanto tempo ao lado deles.

Por mais próximas que algumas pessoas possam estar, a realidade, pela minha experiência, é que nossos amigos são os últimos a comprarem os nossos serviços. Os de fora valorizam muito mais do que aqueles que estão dentro de casa.

Por esse motivo, aproxime-se e conviva com pessoas *excelentes*. Veja bem: não apenas boas, mas sim *excelentes*! E como descobrir que são excelentes? São pessoas que não falam mal de outras, que não trazem informações distorcidas, que vibram com as suas vitórias, que incentivam os seus projetos, que ajudam e estão ao seu lado independentemente do que aconteça. São pessoas que falam sobre negócios e evolução!

Passo 2: atitude, resultados e exemplo

Em primeiro lugar, é preciso ter atitude. Depois, verifique e comunique sobre os seus resultados para que as pessoas saibam o que está produzindo. Por fim, seja o exemplo. Essa é a única forma de mudar a impressão que alguém tem sobre você.

Saiba que muitas pessoas não vão "engolir" você mesmo assim. E está tudo bem. Nem Jesus foi amado por todos. Então devemos focar sempre em fazer bem-feito, em sermos melhores, calmos e respeitados para conseguirmos evoluir como pessoas.

Por isso, aqui quero que você entenda que é preciso trabalhar e viver para que os que julgaram e criticaram você um dia dêem tapinhas nas suas costas e falem que sempre acreditaram no seu sucesso.

Utilizei esses ensinamentos ao longo de toda a minha vida, mas percebo que em dois momentos eles foram muito importantes para o meu crescimento.

O primeiro deles foi quando me mudei de Maceió para São Paulo, com apenas 17 anos. Tinha uma empresa de ingressos on-line consolidada e estava faturando bem além de uma produtora de eventos. Naquele momento, decidi vender a empresa rumo a um novo desafio em São Paulo, mesmo sem conhecer ninguém, com apenas um sotaque e uma mochila lotada de sonhos. Ou seja, apesar de estar bem socialmente e realizando os melhores e maiores eventos, entendi que havia chegado no topo do ambiente em que estava inserido. E precisava estar em um local ao lado de pessoas que agregam, assim como ensinei a você anteriormente. Procurei um novo ambiente, um novo desafio e arrisquei tudo visando algo maior.

O segundo momento foi o ponto de não retorno em que precisei abandonar todos aqueles que não me queriam bem. Existem os amigos íntimos, necessários e estratégicos. Meu conselho: trate todos bem, mas só se relacione dentro de casa com quem deseja o *seu* bem. Muitos vão dar tapas nas suas costas e desejar sucesso, entretanto, ao virarem as costas, farão o que você menos esperar para puxar o seu tapete. E também está tudo certo, contudo o importante é alinhar as expectativas e separar os tipos de amizade.

Sendo assim, tudo o que falei aqui faz parte da vivência básica e prática de um jovem que erra muito, mas que não insiste no erro, pelo contrário, melhora e evolui sempre. E se pudesse dar um conselho final, seria esse: tenha essa mesma mentalidade. Garanto que as coisas darão certo!

Por fim, vejo que a humildade intelectual é a capacidade de saber que não sabemos de tudo e estamos em uma constante evolução, você pode aprender tanto com uma pessoa de mais idade quanto com alguém mais jovem. E o mais legal da jornada é curtir e não se cobrar muito. É seguir o *flow* da vida e, com energia boa, as coisas acontecerão.

Gosto muito da expressão *rise and grind* que, em uma tradução livre e análise a partir do nosso contexto, fala sobre levantar e colocar a mão na massa. É isso que você precisa fazer a partir de agora.

Preparamos um ambiente especial e on-line para que você possa testar o que aprendeu neste capítulo. Acesse o link a seguir e mergulhe em uma gamificação exclusiva dos inquietos por natureza.

http://bit.ly/inquietos19

20

VIVA EM ALTA PER-FORMANCE

Médico nutrólogo formado em 2005 pela Faculdade de Medicina da Universidade de São Paulo, **Dr. Thiago Volpi** é fundador e CEO do Espaço Volpi, clínica especializada em nutrologia, performance física e mental e longevidade. Professor do Grupo G4 Educação de produtividade e alta performance. Empreendedor, já teve um grupo de quinze clínicas de estética que foi vendido para a Espaçolaser em 2021.

PARA SABER MAIS SOBRE O AUTOR:

 @drthiagovolpi

#altaperformance
#corpoemente
#saúde

DR. THIAGO VOLPI

Você já acorda se sentindo cansado? Abre os olhos e parece que foi atropelado por um caminhão, mas levanta mesmo assim, vai até a cozinha e toma um café. Depois de uma hora, ainda cansado, toma mais um. É bem provável que você também use outros estimulantes como o energético para trazer um "fôlego" extra para que o dia continue. O cansaço persiste durante o dia todo. Você trabalha até muito tarde, vai dormir tarde e no dia seguinte o ciclo se repete novamente. E esses estimulantes, que parecem ajudar todos os dias, farão você cair com mais força quando o *burnout* chegar.

A verdade é que um profissional de alta performance precisa ter um desempenho de atleta todos os dias em sua empresa. É um atleta cognitivo. É esperado que consiga executar inúmeras tarefas em um curto período de tempo, que mantenha o seu humor em altos níveis para ser inspiracional e motivar a sua equipe, que tome inúmeras decisões de maneira assertiva, que tenha capacidade de absorver novos conhecimentos e aprender de maneira rápida. É esperado que seja inovador!

Diante desse cenário, vejo que muitos profissionais tentam se capacitar em diversos cursos, procuram se esforçar ao máximo para atingir a sua performance máxima. O que acontece, entretanto, é que no dia a dia vê a sua produtividade caindo em diversos momentos e perde, muitas vezes completamente, a sua energia no trabalho, não sobrando nada para dar atenção à família ou à vida pessoal. É comum ver empreendedores e executivos que veem seu casamento terminar porque não conseguem dar atenção para seu cônjuge e porque estão completamente esgotados nos poucos momentos que têm com a família. Que entram e saem de *burnouts* e vivem dependendo de medicamentos estimulantes, antidepressivos, ansiolíticos e remédios para dormir.

A realidade bate à porta e o sucesso fica comprometido por esse esgotamento físico e mental ao qual ele se submete. E é por isso que a maior parte dos profissionais de alto desempenho acabam parando a sua evolução profissional muito abaixo do que o seu potencial máximo de realização, seja parando em um cargo intermediário em uma empresa ou não conseguindo que o próprio negócio gere lucros crescentes para os sócios.

E as demandas profissionais e pessoais que recaem sobre os indivíduos de alta performance não param em um momento de baixa energia. Diminuir as tarefas do dia a dia, estudar menos, ver a sua criatividade indo embora ou dar menos atenção à família não é uma opção. Precisa existir outra solução!

Em outra análise, muitos estão infelizes. Muitas vezes, esse profissional está no lugar ou cargo que sempre almejou estar, mas sente como se a sua energia vital estivesse baixa. Suas conquistas não geram o mesmo prazer de antes. Frequentemente, nessa situação, a pessoa passa a desejar que algo de errado ocorra profissionalmente para que possa deixar de ter todas as obrigações de sua rotina diária. Ou atribui a sua infelicidade à família, ao cônjuge ou aos filhos, e termina relacionamentos que, na realidade, eram muito bons. Aqui a pessoa não está vivendo, está sobrevivendo – e por isso é urgente resgatar essa energia.

A partir da minha experiência, vejo que existem dois sentimentos que podem estar aparecendo em sua vida neste momento: *impotência* e *exaustão emocional*.

O primeiro aparece quando o indivíduo passa a se sentir impotente. Suas tentativas de melhorar a sua produtividade acabam atrapalhando ainda mais. Você não sabe as causas da falta de energia, da aparente perda de capacidade de tomar decisões e se concentrar ou de sua infelicidade. Tenta trabalhar mais, faz cursos on-line, tenta novas técnicas de tomada de decisões e, por fim, sente que talvez não seja capaz de executar o seu trabalho ou de ser feliz em sua vida pessoal. Predomina, nesse momento, um sentimento de menos-valia.

Já a exaustão emocional é quando você não se sente mais feliz. Acorda sem energia para o dia e, provavelmente, aumenta a ingestão de alimentos altamente calóricos para compensar. Tem dificuldade de tomar decisões rapidamente e duvida das que tomou anteriormente. Passa a ter dificuldade de se relacionar, tornando as relações artificiais, seja em casa ou no trabalho. À noite, sente-se exausto, mas não consegue dormir, em um misto de ansiedade e depressão. Lembra-se do passado com nostalgia como se quisesse voltar.

Você se identificou com alguma dessas situações ou sensações? Saiba que essa é a realidade de muitos líderes, empresários e empreendedores. Por isso, quero que você saiba que é possível encontrar uma solução fazendo uma analogia com um piloto de Fórmula 1: por melhor que esse piloto dirija e por mais força de vontade e dedicação que tenha, ele não vai ganhar a corrida se estiver em um carro ruim. Concorda?

No seu caso, o seu carro é o seu cérebro. A verdade é que confiar muito em sua força de vontade e dedicação é o primeiro erro que precisa ser corrigido. **Se o seu corpo e a sua mente não estiverem adequados, por mais que você tente, trabalhe mais ou faça mais cursos ou treinamentos, o seu desempenho será baixo.**

Temos a mania de achar que controlamos o nosso cérebro e as nossas decisões, mas a verdade é que temos um controle limitado. Uma pessoa que não faz atividade física, por exemplo, tem níveis mais baixos de substâncias que melhoram a neuroplasticidade do cérebro. E um cérebro pouco neuroplástico não muda. Portanto, por mais que o profissional queira ser inovador ou faça inúmeros treinamentos para se tornar mais criativo, não conseguirá ser porque o cérebro não muda, não responde a esses estímulos. Nesse sentido, é necessário ter um *autocuidado dirigido*, a ponto de realmente transformar o seu corpo e a sua mente em uma máquina de alto desempenho, ou um carro de Fórmula 1. Esse autocuidado fará com que você seja um excelente piloto da sua vida.

Dessa maneira, a capacidade de viver em alta performance começa *obrigatoriamente* com cuidar da *fisiologia do seu corpo e da sua mente* para que o seu organismo possa funcionar como um carro de Fórmula 1.

Alimentação inadequada faz com que esse carro fique inflamado. Um cérebro inflamado perde poder de decisão e concentração. Falta de exercício diminui a neuroplasticidade do cérebro, o que basicamente diminui nossa capacidade de aprendizado e de ser inovador. Desequilíbrio em hormônios – como a insulina, o cortisol e a testosterona – drenam a nossa energia nos deixando esgotados antes que o dia termine. Falta de sono comprovadamente diminui a nossa cognição. Percebe aonde quero chegar?

O comprometimento com um comportamento adequado fará com que, aos poucos, você passe a viver em alta performance. Os problemas que antes pareciam grandes passam a ser resolvidos sem esforço. A energia que parecia não existir começa a sobrar. E o resultado será esse: **um dia, sem perceber direito quando, você acordará e perceberá como é feliz e como tem energia para perseguir os seus objetivos**.

Sendo assim, preparei dois passos para que você possa caminhar em direção à melhora da sua vida a partir de tudo o que conversamos até aqui.

1. Autodiagnóstico

O primeiro passo é uma autoavaliação sincera: quanto você está cuidando da sua máquina de alta performance? Separe um momento para refletir sobre isso. Olhe para 4 pilares: alimentação, atividade física, sono e estresse. Pergunte-se:

- Tenho uma alimentação saudável?
- Faço atividade física com frequência?
- Tenho um sono de boa qualidade?
- Como faço o manejo do estresse?

Não é necessário ter uma vida perfeita, mas qualquer melhora nesses itens acima se traduzirá em melhora de performance. Quero que você inclua a passagem em um profissional que possa diagnosticar condições que atrapalham a sua cognição. Essa avaliação será importante para que seja possível checar: se você tem resistência à insulina (incapacidade de metabolizar adequadamente o açúcar); se os níveis de hormônios estão diminuídos – principalmente os tireoidianos em ambos os sexos, a testosterona no homem e o equilíbrio testosterona/estrogênio/progesterona na mulher; se tem apneia do sono e outras condições médicas.

De posse de seu autodiagnóstico, você deve fazer um plano de execução. É necessário criar um plano de ação com pequenas melhorias consistentes para cada um dos itens citados acima (e para as condições médicas, se existirem).

As metas devem ser pequenas e contínuas, envolvendo mini desafios. O intuito não é pivotar a vida, mas sim colocá-la em um modo de melhoria contínua.

O primeiro passo para todos é: procurar uma alimentação que não inflame seu organismo (com poucos produtos industrializados e pouco açúcar), fazer atividade física diária (30 minutos todos os dias mesmo que em intensidade moderada pode fazer mudanças significativas na fisiologia cerebral em 30 dias), estabelecer horários fixos para dormir e acordar, executar uma boa higienização do sono (expor-se à luz natural ao acordar e diminuir estímulos e luz artificial perto de dormir) e começar uma técnica de controle de estresse (técnicas de respiração ou meditação).

Em meu consultório, todos os dias vejo pessoas em melhora contínua porque passaram a encarar o seu corpo como uma máquina de alta performance que precisa ser cuidada. Um momento decisivo no qual entendi isso foi em 2013. Tinha acabado de abrir uma clínica com 600 m², tinha empregado vários médicos para a minha equipe, tinha um reality show na televisão sobre obesidade e, mesmo sendo médico, estava com uma rotina que fazia com que o meu corpo inflamasse e funcionasse em baixa performance. Ao fim do reality eu estava infeliz, pouco produtivo e cansado.

Meus próprios médicos me ajudaram a organizar a minha vida. Em pouco tempo, estava executando mais coisas do que antes. Iniciei outro negócio em paralelo à minha clínica – um grupo de clínicas de estética que chegou a ser 15 clínicas e foi vendido em 2021 –, montei cursos e me tornei professor de médicos, com cursos que chegam a ter 150 profissionais na plateia. Tornei-me também professor de produtividade e alta performance no G4 Educação. E hoje, por ter uma máquina de alta performance, minha vida é leve e feliz, mesmo com todas as entregas que tenho.

Quero que olhe para essa história pensando que, assim como o piloto de Fórmula 1 não consegue ganhar a corrida com um carro médio, ninguém viverá em alta performance sem uma máquina (corpo e mente) de alto desempenho. E viver em alta performance não é somente ter sucesso profissional, é viver uma vida boa, com predomínio de estados emocionais positivos, com energia para fazer o que deseja, seja pessoal ou profissional, cultivando relacionamentos de qualidade e envelhecendo lentamente.

Assim, meu conselho para você é: *priorize-se!* Muitas vezes nós abdicamos de uma hora de sono diário para trabalhar mais e, em pouco tempo, passamos a produzir em doze horas o que antes produzíamos em oito. Abdicamos da atividade física para estudar mais e, em pouco tempo, vemos a nossa capacidade de aprendizagem se reduzir drasticamente (um neurotransmissor chamado acetilcolina é necessário para aprendizagem e ele cai quando somos sedentários). Nós também planejamos uma rotina sem momentos de lazer e relaxamento, e quando percebemos, estamos buscando a satisfação que deixamos de ter no dia a dia em alimentos altamente palatáveis, cheios de açúcar e gordura e que nos inflamam. Inflamados, passamos a ser péssimos tomadores de decisão, sejam profissionais ou pessoais.

Por isso, controle o seu comportamento e fisiologia e veja a sua vida fluir em alta performance, com altos níveis de felicidade, sucesso, energia e relacionamentos significativos. A vida não tem que ser difícil ou muito trabalhosa – ela precisa fluir de maneira leve.

Entenda que o principal empreendimento de sua vida é ela mesma. **Seja o CEO de sua existência, tome decisões básicas de maneira correta (alimentação, sono, treino e controle de estresse) e veja todas as outras decisões ocorrendo sem esforço.** Crie valor dentro da sua própria vida!

Preparamos um ambiente especial e on-line para que você possa testar o que aprendeu neste capítulo. Acesse o link a seguir e mergulhe em uma gamificação exclusiva dos inquietos por natureza.

http://bit.ly/inquietos20

DESENVOLVIMENTO PESSOAL

01

O sucesso é resultado da felicidade

//

Mary Elbe Queiroz é pós-doutora, doutora e mestre em direito tributário. Advogada tributarista com pós-graduação em neurociência e psicologia positiva. É autora do livro *Prática da felicidade: Domine a arte de ser feliz* (2023), também pela Gente. Idealizadora do aplicativo **FEDDA** – Felicidade Diária. Palestrante, mentora, TEDx Women: "Sucesso: Você Pode!".

© Carlos Serrão

PARA SABER MAIS SOBRE A AUTORA:

 www.maryelbe.com.br

Mary Elbe Queiroz

 @mary_elbe

 https://bit.ly/maryelbeface

#felicidade
#sucesso
#sejafeliz

MARY ELBE QUEIROZ

Olhe para a sua vida agora, para o seu negócio, para tudo o que construiu e responda: você é uma pessoa de sucesso? Conquistou e realizou todos os seus sonhos e chegou ao patamar que desejava? Se pudesse dar uma nota de 1 a 10 em relação ao seu sucesso, qual nota você daria? Por que acredita que as pessoas conseguem tudo o que desejam?

Com a pressão da vida e dos negócios, com a volatilidade vertiginosa do mercado, as crises financeiras e o excesso de responsabilidades e cobranças, é muito comum o líder, executivo ou empreendedor passar por momentos de solidão, angústia, estresse e falta de autoconfiança. Quando isso acontece, os sintomas afetam a saúde mental, o bem-estar e podem levar à frustração, ao desequilíbrio emocional, à depressão, à estagnação, ao retrocesso e até mesmo ao fracasso. Isso porque enfrentam vários desafios quando decidem liderar e empreender, pois o mercado exige constante inovação, novos conhecimentos, criatividade, capacidade de lidar com mudanças, administrar conflitos, gerir pessoas, finanças e o próprio negócio.

O líder, na maioria das vezes, deixa-se influenciar por aspectos externos e esquece-se de construir uma blindagem pessoal interna que deve vir primeiro, por ser mais importante, pois será ela a força motriz que o levará ao sucesso. São os aspectos internos de autoconhecimento, autoestima, autoconfiança e autocontrole que levarão ao conhecimento, à preparação e ao aprendizado para que desenvolva inteligência emocional, maior capacidade de realizar e entrar em ação, saber enfrentar a necessidade de fazer escolhas, tomar melhores decisões, ter a capacidade de liderança e, com isso, ser um líder ou empreendedor com alta performance e resultados exponenciais. Em outras palavras, estar preparado inclusive para enfrentar fracassos, reconhecer os erros, consertá-los ou identificar novos rumos mesmo diante de possíveis reveses do curso normal da vida.

Para isso, é preciso mudar e criar uma nova mentalidade com atitudes que farão a diferença na sua vida. Para ter sucesso e conquistar tudo que deseja é preciso encontrar a felicidade! A felicidade não está em ter bens, dinheiro, relacionamentos, posições sociais ou sucesso. Felicidade não é uma simples futilidade ou estar sempre sorrindo, ela é um estado de espírito duradouro, uma forma mais positiva de ver os acontecimentos e tsunamis que preparam a pessoa para ser resiliente, positiva, otimista, enxergar as oportunidades, ver possibilidades e degustar as experiências da vida.

Todos podem construir a própria felicidade. A felicidade pode ser construída a partir da formação de novas conexões neurais que levarão à criação de novos hábitos por meio do treinamento e repetição de atitudes. É necessário desenvolver recursos internos, identificar e reconhecer os desafios para lidar melhor com as adversidades e encontrar as melhores soluções. **Sua felicidade não depende do que acontece com você, mas reside no ato de saber o que fazer com o que lhe acontece.** E para que você possa entender sobre a urgência de falarmos e melhorarmos os nossos níveis de felicidade, quero apresentar alguns dados a partir de agora.

Você sabia que apenas 29% dos brasileiros são felizes enquanto 19% se declararam absolutamente infelizes e 52% informaram um nível de felicidade intermediário?[43] E que apenas 50% dos líderes e liderados se sentem engajados no trabalho enquanto a outra metade se sente sobrecarregada ou apática (*quiet quitting*)?[44] Hoje, o quadro da falta de saúde mental é muito grave e tem números assustadores, por exemplo, ansiedade: 64%; estresse: 48%; insônia: 27%; *burnout*: 20%; depressão: 10%.[45] Por fim, vale lembrar também que os transtornos mentais são a terceira causa de afastamento do trabalho no Brasil.[46]

A infelicidade afeta a saúde mental que, quando abalada, gera sentimentos de incapacidade, irritabilidade, pessimismo, isolamento social, perda de prazer, déficit cognitivo, afeta as capacidades de trabalhar, dormir, estudar, comer, socializar e incita sentimentos negativos em relação ao ambiente e às pessoas. Daí nasce a necessidade e a urgência de se construir a felicidade e encontrar a estabilidade interna necessária para ter sucesso na vida e nos negócios. Você se identifica com alguma dessas pesquisas ou algum desses sintomas? Caso a sua resposta seja sim, saiba que você não está sozinho ou sozinha.

A necessidade de haver uma preocupação com a saúde mental e de se buscar construir a felicidade tem a ver não só com uma melhor qualidade de vida, mas, com a realização, o sucesso pessoal, financeiro, profissional e a sobrevivência do próprio negócio e a sua geração de resultados. Em uma análise detalhada, a construção da felicidade pessoal quando ampliada no meio em que se vive e trabalha pode levar a melhores resultados e evitar problemas como o *turnover* e até o afastamentos do trabalho devido ao *burnout*, bem como a redução das chances de adoecimentos e afastamentos, evitando possíveis prejuízos financeiros. As pessoas felizes, em comparação com outras, são 300% mais inovadoras, 85% mais eficientes, produzem 31% mais, são três vezes mais criativas, vendem 37% a mais, faltam 25% menos,

43 QUEIROZ, M. E. **Pesquisa Felicidade do Brasileiro**. São Paulo: Instituto Qualibest, 2022. 51p. Disponível em: https://www.maryelbe.com.br/pesquisa-felicidade/. Acesso em: 20 ago. 2023.

44 FELICIDADE corporativa e futuro do trabalho. **Feedz e Reconnect**, São Paulo, 2022. Disponível em: https://materiais.feedz.com.br/agradecimento-comkt-pesquisa-reconnect-pesquisa-felicidade-corporativa-e-futuro-do-trabalho. Acesso em: 20 ago. 2023.

45 NA AMÉRICA Latina, Brasil é o país com maior prevalência de depressão. **Ministério da Saúde**, Brasília, 22 set. 2022. Notícias (Saúde Mental). Disponível em: https://www.gov.br/saude/pt-br/assuntos/noticias/2022/setembro/na-america-latina-brasil-e-o-pais-com-maior-prevalencia-de-depressao. Acesso em: 31 ago. 2023.

46 TRANSTORNOS mentais são a terceira maior causa de afastamento do trabalho no Brasil. **Tribunal Regional do Trabalho - 13ª região**, Paraíba, 24 jan. 2023. Notícias. Disponível em: https://www.trt13.jus.br/informe-se/noticias/transtornos-mentais-sao-a-terceira-maior-causa-de-afastamento-do-trabalho-no-brasil. Acesso em: 31 ago. 2023.

têm 50% menos acidentes laborais e adoecem menos, além de serem mais motivadas, atenderem melhor o clientes e reduzirem desperdícios.[47]

O líder ou empreendedor sem felicidade e que não esteja com a sua saúde mental equilibrada ficará desmotivado, sujeito à ansiedade, ao estresse e poderá gerar improdutividade e dificuldade em alcançar os objetivos organizacionais. Pior: contamina toda a equipe. Em outras palavras, não conseguirá incentivar ou motivar os colaboradores da maneira correta e isso interferirá no todo, nos resultados organizacionais e na execução de atividades, levando à demissão, insucesso ou o próprio fechamento do negócio. Em casos mais graves, a falta da felicidade pode levar até mesmo ao suicídio.

Pela minha experiência, estudos, investigações e por todos os anos em que trabalho com a felicidade, percebo que algumas causas acabam abrindo portas para esse problema. São elas: as mudanças velozes do cenário econômico, os avanços tecnológicos, a transformação digital, a multiplicidade de exigências (inclusive de novas competências), o despreparo pessoal e técnico, o isolamento social, especialmente após a pandemia da covid-19, que afetou a capacidade das pessoas de trabalharem e conviverem com familiares, o que piorou este quadro e criou vulnerabilidades gerando ansiedade.

Outros fatores que afetam diretamente esse sintoma são: o aumento da violência, o excesso de trabalho, as responsabilidades assumidas e as próprias cobranças pessoais, o medo e a incerteza do futuro, a falta de suporte familiar, o distanciamento de amizades e a desconfiança no ambiente colaborativo.

Por fim, existem ainda alguns coeficientes que têm se agravado ao longo do tempo: a falta de propósito de vida, a baixa autoestima, as comparações com a realidade externa, as mídias sociais, a falta de preparo para a vida e a incapacidade de resolver problemas. Tudo isso acaba gerando pessoas frágeis, imaturas e individualistas que buscam incessantemente pela aprovação e ficam estagnadas ou não conseguem bons resultados.

Existe um desconhecimento generalizado e um desejo por somente ter dinheiro ou alta remuneração sem identificar um propósito, sem se preparar para ocupar o posto de líder ou empreendedor. O resultado, como já sabemos, é o insucesso. Além de despreparo nos aspectos pessoais, os resultados frustrantes são causados pela falta de planejamento do negócio e o descontrole financeiro. Além disso, existe, ainda, o desconhecimento de fatores que são fundamentais para estabelecer metas para cumprir os objetivos estabelecidos, como gestão e marketing.

Desse modo, o melhor e mais rápido caminho para ser um líder, executivo ou empreendedor de sucesso que consegue realizar todos os seus objetivos é se preparar não somente tecnicamente, mas reforçar a autoestima e a autoconfiança, construir a sua felicidade e ter **FEDDA**. Sem **FEDDA** não

47 CENTOFANTI, M. O peso da felicidade no trabalho. **VocêRH**, 27 jan. 2023. Disponível em: https://vocerh.abril.com.br/saude-mental/o-peso-da-felicidade-no-trabalho. Acesso em: 03 set. 2023.

se chega a lugar nenhum, não se avança, cresce e prospera e essas qualidade têm que andar juntas. Para que você possa entender melhor o que é o **FEDDA**, descreverei a seguir a diferença entre a vitória e o fracasso a partir do acrônimo.

Foco

Estar concentrado e colocar atenção apenas no que está fazendo ou no que quer, sem se perder com distrações.

Esforço

É o que desencadeia a capacidade e o dom, transformando o sonho em realidade. Não basta só querer, ter capacidade e talento, é preciso existir o esforço.

Determinação

É o triunfo da força de vontade. É característica dos que resolvem, decidem e agem. É não hesitar diante dos desafios. Em outras palavras, sabe o que quer e vai atrás.

Disciplina

É ser organizado, constante, firme e dedicado, ter autodisciplina, estabelecer as próprias regras e ter a responsabilidade de cumpri-las.

Ação

Para conquistar e ter sucesso é necessário agir, fazer, realizar e não ficar perdido em compasso de espera, perdido em sonhos e apenas tendo ideias, É melhor agir e errar para depois consertar do que ficar paralisado sem sair do lugar.

Por isso, digo que ficar esperando milagres ou apenas estimulando a curiosidade descontroladamente atrapalha seus resultados, pois assim assim instiga novas descobertas, mas se perde no caminho. Depois do autoconhecimento e de ser reforçada a autoconfiança, é necessário, ainda, ter coragem, motivação, propósito e sentido de vida. **Se você não sabe o que quer e o que move você, não chegará a lugar nenhum.**

É importante estar preparado tecnicamente, conhecer o ambiente que deseja chegar e fazer os investimentos pessoais e financeiros para desenvolver as habilidades necessárias. Com isso se evitam as escolhas erradas. É preciso identificar o problema que deseja solucionar e os passos a serem dados. Não basta ter talento, é necessário ter **FEDDA**.

O passo inicial é mudar a mentalidade fixa de seguir repetindo padrões antigos e adotar uma mentalidade flexível para reconhecer e enxergar outras possibilidades, criar novos hábitos e formar novas conexões neurais por meio do treino da felicidade, a fim de sair do patamar em que está e alcançar o que deseja. Mesmo sem talento ou capacidade, se você tiver **FEDDA** chegará lá. Para isso você terá que trilhar um caminho que será dado em passos, sem atropelos. Vamos ver cada um deles?

Passo 1: Determine o alvo

Determine o seu objetivo, tenha clareza do que quer alcançar, fixe o seu alvo na sua mente. Ele poderá ser alterado, ampliado e reduzido com a execução a partir dos momentos que oportunidades mais interessantes se apresentarem no percurso.

Passo 2: Estabeleça prioridades

Estabeleça prioridades (relacione 5 e depois elimine 4), metas (podem ser flexíveis e ajustáveis) e prazos.

Passo 3: Planeje a execução

Faça um planejamento das etapas e ações a serem executadas. Veja a recompensa em cada etapa cumprida.

Passo 4: Tenha aliados

Cerque-se de pessoas que contribuam para o seu plano, estimulem e incentivem você e que não atrapalhem o seu caminhar. Afaste-se de quem pode desviar você do seu objetivo.

Passo 5: Diga não

Aprenda a dizer *não*! Afaste-se do que não está ligado aos seus objetivos.

Passo 6: Cumpra uma meta por vez

Não tente abraçar o mundo de uma só vez – dê passos e cumpra cada etapa estabelecida.

Passo 7: Aprenda sempre

Estude, prepare-se. Aprendizado, conhecimento e inovação farão a diferença.

Passo 8: Pratique a postura de vencedor

Mude a sua postura corporal. Mantenha a coluna ereta, os ombros para trás, o peito estufado e a barriga contraída. Pratique a postura de vencedor, a repetição fará o seu cérebro se habituar a ela, o que fará grande diferença em você (olhe-se e treine no espelho).

Passo 9: Adote atitudes que liberem doses de felicidade

Quando aparecer cansaço ou um pouco de desânimo, pare o que está fazendo e sorria no espelho para você durante dois minutos. Diga com força frases de poder na frente do espelho (como se fosse a Mulher-Maravilha ou o Super-Homem, faço os gestos); dê uma caminhada ou faça exercícios; ouça uma música energizante que você goste, dance. Adote atitudes que liberem *doses de felicidade* (dopamina, ocitocina, serotonina e endorfina). Pratique meditação e controle da respiração. Se duvida, teste!

Passo 10: Cumpra o plano

Cumpra o plano mesmo que com muito esforço. Pense no seu objetivo final.

Você sempre deve buscar desenvolver o seu negócio, buscar conhecimento, suporte, inovação e ferramentas práticas. Pratique o Treinamento da Felicidade! Essa será a sua maior arma. Para praticar a felicidade como o preparo imprescindível rumo à melhor saúde mental e bem-estar, minha sugestão é que leia o livro *Prática da felicidade: Domine a arte de ser feliz*. O conteúdo que está ali é valioso e irá ajudar você a seguir em direção a uma vida mais feliz. É possível praticar também utilizando o aplicativo **FEDDA**. Para que possa acessar, basta apontar a câmera do seu celular para o QR code a seguir ou colocar o link em seu navegador.

https://fedda.com.br/download

Sempre fui inquieta e busquei desafios que ampliassem a minha vida e realizassem o meu propósito de vida. Cheguei aonde nem mesmo poderia imaginar!

A minha experiência pessoal, o estudo científico e o conhecimento da vida de pessoas vencedoras e de sucesso (diferente para cada um e não necessariamente ligado aos bens materiais) mostram traços parecidos. Inclusive, na pesquisa que realizei sobre a felicidade do brasileiro, 100% dos entrevistados sabem quais são as características das pessoas felizes, porém, somente quem se declara realmente feliz reconhece que tem essas características e alcança tudo o que se propõe e deseja.[48]

Dezenas de meus leitores, mentorados e mentoradas já aplicaram este método e realmente conseguiram a vitória de conquistar o que desejavam, independentemente da idade, gênero, raça e localização geográfica. Conseguiram alcançar objetivos profissionais, financeiros e até relacionamentos amorosos. Conseguiram melhorar a relação com familiares, abrir, crescer e prosperar os seus negócios. Poderia citar vários exemplos, mas quero falar sobre o meu.

Nasci no sertão pernambucano, em Ipubi (PE), e sofri preconceitos por ser mulher e nordestina, tive um divórcio doloroso e hoje estou muito bem-casada, tenho duas filhas e uma neta, sou uma das primeiras mulheres brasileiras a ter pós-doutorado em direito tributário no Brasil, exonerei-me da tranquilidade de um emprego público de auditora fiscal da Receita Federal do Brasil depois de vinte e sete anos de serviço, abri o meu escritório de advocacia em Recife e em São Paulo. Hoje, tenho sucesso pessoal e financeiro e o nome reconhecido no meio tributário, já palestrei no Brasil e em outros países e agora tenho como propósito espalhar a felicidade, pois é dando felicidade que se é mais feliz. Com esse objetivo, publiquei o livro a *Prática da felicidade*, realizei a jornada da felicidade em março de 2023 em São Paulo e idealizei e construí o aplicativo **FEDDA** com o treinamento da felicidade.

Por tudo isso, posso afirmar que ser um grande líder e ter sucesso nos negócios é o sonho e o objetivo do executivo e empreendedor, no entanto, não é o simples querer que vai fazer acontecer. É preciso estar preparado e usar as ferramentas que podem auxiliá-lo nessa jornada para eliminar etapas e evitar erros, bem como ter rapidez para identificar e corrigir o percurso quando necessário. É fácil? Não, é um grande desafio, porém o resultado é compensador.

Também chega-se mais rápido se não estiver sozinho, e sim junto com quem esteja na mesma conexão que você. Estar preparado significa estudar, ter conhecimento e autoconhecimento para saber tanto as suas competências, talentos e vocações pessoais, seus limites e pontos vulneráveis, como conhecer o mercado e as experiências de pessoas que já percorreram o mesmo caminho que agora você está trilhando.

Neste ponto, a mentalidade de líder e empreendedor precisa estar introjetada dentro da pessoa. É aqui que se coloca a importância da felicidade como uma arma que irá ajudar a formar e reforçar essa mentalidade dando condições pessoais para que você esteja mais preparado para iniciar e manter o seu negócio. Será a felicidade que lhe dará motivação, otimismo, energia e a mentalidade flexível para ver as possibilidades e fazer as melhores escolhas, também é dela que vem a resiliência necessária para blindar você nas adversidades e reveses do curso da vida e fazê-lo reagir mais rápido, encontrando

48 QUEIROZ, M. E. Op. cit. 2022.

alternativas e soluções diante dos obstáculos. Isto é, a felicidade traz a força necessária para levantar, "sacudir a poeira e dar a volta por cima".

Sendo assim, a felicidade pode ser construída ou aumentada dentro de cada um por meio da mudança de atitudes que levarão a uma forma diferente de ver a vida. É a felicidade que fará com que se enxergue possibilidades onde os outros veem dificuldades e obstáculos. Porém, não é um voo às cegas ou ver o mundo com lentes cor-de-rosa, mas sim adquirir o conhecimento, o aprendizado e as ferramentas necessárias e ter a mentalidade de líder e de vencedor para viver a experiência de se transformar em empreendedor e fazer com que o seu negócio prospere e dê certo. A pessoa feliz sabe reconhecer as necessidades, as alternativas e tomar as melhores e mais rápidas decisões.

Saiba que não são as pessoas de sucesso e dinheiro que são felizes. São as pessoas felizes que têm sucesso, prosperidade, dinheiro, bons relacionamentos e realizam tudo o que desejam.

Preparamos um ambiente especial e on-line para que você possa testar o que aprendeu neste capítulo. Acesse o link a seguir e mergulhe em uma gamificação exclusiva dos inquietos por natureza.

http://bit.ly/inquietos21

22

UM CONVITE AO RECOMEÇO

José Eduardo Rocha é escritor, palestrante, coach, empreendedor e mestre em ensino pela Universidade Estadual do Sudoeste da Bahia (UESB). Há mais de duas décadas é pesquisador no Grupo de Estudos e Pesquisas (GDICEM) da UESB, atuando na linha de pesquisa que envolve razão e emoção, processos cognitivos e afetivos. É CEO do Instituto de Coaching Sistêmico (ICS Coaching) e criador do método Potem (Poder da Transformação Emocional). Como especialista da área da transformação emocional, é um transformador de vidas por excelência.

PARA SABER MAIS SOBRE O AUTOR:

 @joseeduardorochas

 José Eduardo Rocha

🌐 joseeduardo.com.br

#supereassuascrenças
#desenvolva-se

JOSÉ EDUARDO ROCHA

Você tem o costume de criar justificativas para fugir da autorresponsabilidade de seus atos? Sei que é um jeito um tanto "duro" de começarmos o nosso momento juntos, mas acredito ser fundamental seguirmos assim para que você comece identificando o que é realmente importante para si mesmo e ajuste a rota conforme necessário. Para isso, quero contar uma história.

Há alguns anos, enquanto finalizava um exercício para o método Potem (Poder da Transformação Emocional), apresentou-se em meu consultório um cliente de nome Carlos. Era um jovem de olhar vago e postura ansiosa, claramente em busca de uma solução. Seu comportamento nervoso era evidente, vi as pontas dos dedos como se tivesse sangrado recente. Ao perceber meu olhar em direção ao seu dedo, justificou imediatamente: "Tenho o hábito de roer as unhas". Um sinal claro de sua inquietação interna. Um pouco mais relaxado, compartilhou a seguinte queixa: iniciou sua carreira em um banco aos 20 anos e foi demitido aos 23.

Como base, a sua educação sempre foi em escola particular renomada. Aos 26, ainda estava cursando a faculdade de administração, um curso que deveria ter concluído aos 22. Transitava entre um curso e outro e nunca ficava satisfeito.

Nesse período, seus colegas de turma, especialmente os mais próximos, já estavam estabelecidos em suas carreiras – eram médicos, advogados e engenheiros, todos muito bem-sucedidos com pouca idade. É claro que essa não é a receita para o sucesso, mas, no caso de Carlos, olhar ao redor gerava certa inquietação e fazia com que seus pais constantemente o comparassem com os outros.

Com essas queixas, vi a oportunidade de aplicar de imediato o exercício que havia criado do método Potem. Ele, um jovem muito mimado, vivia se queixando. Justificava a sua situação, em parte, alegando ter transtorno do déficit de atenção com hiperatividade (TDAH), o que é muito legítimo, então sua mãe mantinha o tratamento medicamentoso na esperança de que isso o ajudasse a focar. Até então, Carlos era um jovem como tantos outros, mas sentia um vazio interior e se encontrava paralisado. Em outros termos, não sabia o que queria da vida e sentia-se deslocado em meio às conquistas de seus amigos.

Após aplicar um dos exercícios do método Potem, recebi a sua visita depois de catorze meses e vi um jovem completamente transformado. Relatou que levou os exercícios e as visualizações muito a sério e tudo isso revolucionou a sua vida. Descobriu-se como um profissional de marketing, especializou-se como gestor de tráfego de mídias pagas e rapidamente tornou-se muito bem-sucedido. Para mim, o mais marcante nele foi: ele sentia uma inquietude produtiva para o sucesso. Então, caso você tenha se identificado com a história de Carlos, quero que fique aqui porque falaremos sobre um passo a passo que poderá ser aplicado mais adiante para você também transformar a própria vida. Antes, entretanto, quero apresentar um pouco dos problemas que mais vejo atualmente.

É muito comum ouvir justificativas para imputar a terceiros o próprio fracasso e escassez: quando as justificativas se tornam um hábito para fugir da autorresponsabilidade, o indivíduo emite uma mensagem inconsciente para si mesmo de que o problema está se ampliando e o fracasso pode se prolongar. Não ter esse hábito é um desafio crônico que exige vigilância!

Não raramente, percebo que algumas pessoas solidificam essa tendência como um hábito, cuja consequência imediata é o agravamento do insucesso. Como resultado, a porta da lamentação se alarga, abrindo espaço para o estigma da procrastinação. Já aconteceu com você ou com alguém que conhece? Esse comportamento, entre outras coisas, conduz a um aumento da ansiedade, sentimentos de vazio e incompletude. Isso sem contar a convivência contínua com a frustração, reforçando ainda mais a sensação de que o mundo não o ouve nem responde às suas angústias.

Percebo que, além dessa sensação de silêncio interno e externo, que o faz se sentir sozinho num vazio, a falta de direção pode gerar, não raro, uma crise de identidade, um viver constante à deriva, como se estivesse, o tempo inteiro, deixando a vida o levar. É muito comum também, em minha experiência, ver pessoas que vivem gastando energia em destinos que não levam a lugar nenhum, ou seja, ainda não identificaram o seu estado atual e, por consequência, as decisões tendem a imprecisão, erradas ou desalinhadas com o destino que verdadeiramente gostaria de alcançar, com seu alvo. E sem direção e alvo definidos, há muita perda de energia e de recursos internos, equivalente a passos dados no escuro.

Essa crise de falta de direção paralisa, desmotiva e leva à estagnação, como se tudo o que a pessoa faz ou tenta realizar escorregasse pelos dedos. Essa sensação crônica traz consigo uma indignação profunda; sem um alvo claro, toda nova iniciativa carrega a sombra da angústia e a premonição do fracasso. Tudo resultante de uma convicção enraizada de não ser capaz de ser o autor do próprio destino, em um momento em que o ritmo acelerado do tempo exige decisões firmes para não nos perdermos no caminho e não ficarmos para trás.

Com todos esses sentimentos à flor da pele, a tendência persistente de culpar os outros por desafios que, no fim das contas, impactam diretamente os próprios resultados pessoais. Para começarmos a enfrentar esse cenário, convido você a uma reflexão: olhe-se no espelho. Está imerso nesse mar de inércia? Se a resposta for sim, quero convidar você agora a encarar a realidade do próprio percurso, sem julgamentos, para que você possa abraçar a mudança que emergirá desta reflexão.

Percebo que, entre os sentimentos mais comuns que podem aflorar no negativo estão: angústia aguda, muitas vezes gerada pela percepção de escassez e de incompletude; a esperança de um futuro mais promissor contrastada com a dor de não se ver merecedor; paralisia, estagnação e um cansaço interminável; ansiedade, procrastinação e a inevitável comparação com os outros. E talvez você não perceba, mas esse confronto consigo mesmo é catalisador e funciona como um bisturi cirúrgico, incitando a extirpação da dor aguda e latente que vive aí dentro. É inadiável acordar!

Chega de sentir que algo está se repetindo em sua vida e que todos os passos o levam ao "pântano". Se você olha para o relógio, percebe o tempo passar, mas a sua vida não deslancha porque se sente preso a um problema que acredita poder resolver, saiba que chegou a hora de dar o próximo passo.

Vejo que as redes sociais potencializam muito essas sensações e têm uma participação poderosa na vida das pessoas em relação a esse tema. Elas fazem um papel de voz interior de comparação que sussurra incapacidades. Ela fala que estamos perdendo o nosso tempo, que deveríamos ser iguais ou melhores do que fulano. Como resultado, vejo que esse estado ansioso e angustiante leva a estrutura emocional ao precipício, como se o futuro adiante não fosse certo ou animador. E em minha percepção, tudo isso acontece por três fatores. São eles: falta de inteligência emocional, crenças que foram incutidas por nossa família e a cultura da comparação constante.

A inteligência emocional subdesenvolvida, em um primeiro momento, é resultado de uma educação emocional inadequada. Alguém falou em sua infância/adolescência sobre educação emocional com você? Muito provavelmente não! Essa situação reflete a falta de priorização desses aspectos na cultura familiar do indivíduo, além de crenças e modelos profundamente arraigados, que são transmitidos desde a infância e intensamente influenciados pelas pessoas mais próximas. E essa é a segunda causa que comentei!

A família, considerada como um sistema, deixa impressões duradouras que afetam a vida pessoal e profissional de um indivíduo. Essas impressões, frequentemente, modelam condicionamentos que tendem a manifestar-se como dificuldades na vida adulta. Na vida adulta, ter metas obscuras é ausência de clareza de direção, é comparável a carregar um fardo pesado demais para suportar.

Por fim, a cultura da comparação constante por força da mídia, conforme comentei anteriormente. As redes sociais nos bombardeiam constantemente com imagens de indivíduos – aparentemente – bem-sucedidos, perfeitos e felizes. Isso atua como uma força propulsora que pode gerar frustração. Quando os resultados positivos não são visivelmente alcançados, muitos podem se sentir fracassados, com a sensação que o mundo parou para si.

Sendo assim, quero que você pense que **ser um inquieto por natureza é saber que existe um destino de transformação.** É a conexão entre o saber e o fazer. É conectar a clareza de um destino previsto com as ações práticas necessárias para atingi-lo, em um caminho ininterrupto de transformação.

Essa atitude, além de dar um senso de propósito claro e constante à inquietação mesmo com as turbulências e dores normais de percurso (manias de justificativas, angústias, escassez, condicionamentos e crenças limitantes dos sistemas familiares), trazem clareza e força de uma voz inquieta que irá sussurrar e empurrar você para os resultados extraordinários, mesmo após o fechamento deste ciclo. Quero que você tenha a inquietude para se abrir para uma vida nova, completamente transformadora.

Justamente por esse motivo, montei uma estrutura de três passos que acredito serem fundamentais para que você possa transformar e desenvolver a sua jornada a partir de agora. Vamos falar sobre eles?

Passo 1: identifique e reconheça

Quero que você pare por um momento agora e responda às perguntas que deixarei a seguir. Deixarei um espaço para as respostas, entretanto caso você sinta que foi insuficiente, separe papel e caneta e termine de responder.

- Quando me sinto mais preso ou estagnado na vida? Qual o motivo?
- Quando percebi essa dor pela primeira vez?
- Houve algum evento específico que deu início a esse sentimento?
- Qual é minha sensação atual sobre isso?
- Em quais locais do meu corpo sinto a manifestação mais intensa desse problema?

_____

_____

_____

_____

_____

_____

Com as respostas em mãos, siga para o próximo passo.

Passo 2: gatilhos e padrões

O nosso objetivo aqui é fazer com que você escreva um diário de gatilhos, ou seja, tenha um espaço em que possa anotar situações específicas nas quais sentiu desconfortos, tristeza, raiva, frustração etc. Quero que, além de colocar as situações, você adicione também quais são as circunstâncias envolvidas.

Após anotar os gatilhos, você deve refletir sobre como eles podem estar relacionados com o ambiente e com as pessoas ao seu redor. Esta análise lhe permitirá perceber padrões que podem ter origens na sua infância e influências familiares. Ao compreender esses padrões, você estará mais preparado para lidar com eles de maneira extraordinária.

Passo 3: rompendo padrões

Agora que finalizou o segundo passo, chegou a hora de embarcar em um exercício de visualização. Quero que se imagine superando barreiras, quebrando velhos padrões e renascendo como uma versão mais genuína e fortalecida de si mesmo. Para auxiliar neste processo, o meu convite agora é para seu recomeço, então, forneço um exercício especial para você. Acesse o QR code a seguir ou insira o link em seu navegador, e dê início a essa jornada transformadora.

https://joseeduardo.com.br/leitor_inquietospornatureza/

Esses passos são parte essencial da sua jornada de transformação. Com eles, você transforma a teoria em prática. O conhecimento é uma ferramenta poderosa e saber o que é preciso ser feito é positivo e determinante. E isso acontece porque ler e entender a teoria é razoavelmente fácil, entretanto, por lidarmos com crenças e hábitos que estão enraizados em nós, a prática é necessária para que possamos sair desse círculo vicioso. A prática é o que nos leva a transformar o que aprendemos em habilidades tangíveis e resultados mensuráveis.

Sendo assim, meu objetivo aqui foi transformar esse passo a passo em uma adaptação singela para ajudar você a construir possibilidades ao investir na imaginação criativa. Ao dar o primeiro passo, sei que você romperá, a partir do entendimento do problema, as justificativas improdutivas e iniciará um movimento positivo em direção ao seu propósito de vida e de negócios. E tudo isso é possível a partir de um plano bem-definido que irá ajudar a manter o foco, a disciplina e a consistência, componentes essenciais para transformar sonhos em realidade.

Por fim, quero fechar este momento falando que a jornada rumo ao sucesso é uma maratona, não um *sprint*. Então, saiba que cada passo dado é um progresso em direção ao seu objetivo, e a linha de chegada é um convite para o recomeço.

Preparamos um ambiente especial e on-line para que você possa testar o que aprendeu neste capítulo. Acesse o link a seguir e mergulhe em uma gamificação exclusiva dos inquietos por natureza.

http://bit.ly/inquietos22

23

FÉ COM ATITUDE PARA CRESCER E CONEXÕES PODEROSAS PARA ALAVANCAR NEGÓCIOS

Hebert Bouzon é empresário, mentor e palestrante reconhecido há mais de vinte anos. Já criou mais de quarenta negócios. Além disso, mentorou e capacitou presencialmente mais de 200 mil empresários e profissionais em negócios, empreendedorismo, liderança e relacionamentos interpessoais. Foi mentorado por mais de cem mentores entre os maiores do país.

Fundou a PdD Academy, escola de negócios em São Paulo, Sorocaba e Bahia e a Minha Escolinha On-line, plataforma de educação infantil com centenas de milhares de alunos e repercussão nacional em mais de 180 mídias. Já publicou três livros.

PARA SABER MAIS SOBRE O AUTOR:

 @hebert_bouzon

 www.hebertbouzon.com.br

#fécomatitude
#atitudepositiva
#conexõespoderosas

HEBERT
BOUZON

Em minha trajetória, empreendendo em mais de quarenta negócios e, com muitos aprendizados, entendi que é preciso utilizar a *fé com atitude* e desenvolver *conexões poderosas* e *relacionamentos genuínos* para que possamos empreender e sermos prósperos e felizes em nossa vida pessoal, profissional e empresarial. Esses foram os pilares que me tiraram do fundo do poço diversas vezes, proporcionando a criação de excelentes negócios e que eu pudesse conhecer pessoas extraordinárias que me ensinaram e ajudaram a encontrar o caminho para ser um homem realizado e muito feliz. Se você quer entender melhor como funcionou esse processo em minha vida e quais foram os passos que utilizei para atingir o sucesso, fique aqui pois conversaremos sobre todos esses pontos.

Para mim, existem muitos obstáculos na vida de um empreendedor, mas dois são realmente grandes problemas para o crescimento e alavancagem de seus negócios. São eles:

1. Falta de fé e atitude para tirar as ideias, sonhos e projetos do papel

Aqui impera a insegurança e a falta de confiança em algo maior. É o medo de agir e de pensar que faz com que as pessoas fiquem estagnadas, travadas e desmotivadas para começar algo. Isso faz com que procrastinem e coloquem na gaveta seus projetos e sonhos que, por muitas vezes, acabam ficando esquecidos por toda uma vida.

2. Não ter conexões poderosas com relacionamentos genuínos

A falta de relacionamentos verdadeiros, o cultivo de relacionamentos errados, ou até mesmo a moda do momento, o famoso networking, traz como consequência conexões frias, virtuais e rasas. Sem laços e sentimentos, essas relações não despertam apoio do próximo. Faltam palavras de incentivo e, se elas chegam, são vazias.

Essa falta de relacionamentos mais "calorosos" e que são pautados em sentimentos faz com que empreendedores e executivos se sintam sozinhos, sem apoio emocional e profissional. Apoio esse que ajudaria a realizarem esses projetos e a alavancarem a vida e os negócios.

A verdade é que, com a correria cotidiana e o ritmo hipnótico da vida pessoal e profissional, as pessoas estão se conectando cada vez mais de modo virtual, artificial, sem sentimentos, sem palavras e expressões sinceras. E quando as têm, elas resumem-se a tapinhas nas costas e likes com corações. **Então acredite quando digo que não existe empreendedor ou intraempreendedor forte sem um CPF forte também.**

Muitas são as habilidades e expertises que precisamos ter e desenvolver para sairmos da média (mediocridade) e sermos vitoriosos em nossa vida pessoal e profissional. Para isso, algumas delas são cruciais e imprescindíveis:

a *fé com atitude* que nos faz acreditar, que nos move a sair do lugar em nossos pensamentos, e as *conexões poderosas* com *relacionamentos genuínos*. Esses elementos são motivadores, abrem portas, expandem nossos pensamentos e planos, geram apoio para a execução de ideias, projetos e sonhos.

Diz o livro mais vendido e lido do mundo, a *Bíblia Sagrada*: "'Se podes?', disse Jesus. 'Tudo é possível àquele que crê'" (Marcos 9:23). E "Ora, a fé é a certeza daquilo que esperamos e a prova das coisas que não vemos" (Hebreus 11:1). Neste mesmo livro, é dito que todos somos como uma família: "Dediquem-se uns aos outros com amor fraternal. Prefiram dar honra aos outros mais do que a si próprios" (Romanos 12:10).

Os maiores empreendedores do mundo afirmam que sozinho não chegamos a lugar nenhum, e por isso o empreendedor abre uma *empresa*, e não uma "*eupresa*". **Um time, com uma cultura disruptiva, com engajamento, propósito e relacionamentos genuínos é uma engrenagem que move um negócio de sucesso!**

Pela minha experiência, percebo que muitas pessoas se sentem fracas e fracassadas por experiências que não tiveram forças para dar continuidade. Por não conseguirem realizar seus projetos com êxito. Outro ponto que noto é que nós, empreendedores, nos sentimos solitários ao empreender na vida e nos negócios, mesmo tendo ao lado e ao seu alcance familiares, amigos e colegas profissionais.

Nesse sentido, é preciso desenvolver as habilidades e atitudes corretas para superarmos as dificuldades em todas as áreas, identificando o que precisamos adquirir para vencermos os obstáculos e sermos mais do que vencedores. Nossa atitude é a nossa maior qualidade ou maior deficiência. Já a fé com atitude é um critério para o sucesso. Nenhum obstáculo é tão grande se a sua vontade de crescer for maior, pois ela prepara e levanta ou acaba e derruba você. Por isso, essa fé com atitude não é tudo, mas ela muda tudo. Ela faz a diferença. É um posicionamento mental positivo que pode nos ajudar a fazer qualquer coisa com mais eficiência do que faríamos se nossa atitude fosse negativa.

Sempre digo que os desmotivados acham dificuldades nas oportunidades, mas que os motivados acham oportunidades nas dificuldades. Percebe a diferença? Assim conseguimos ver a relação entre as pessoas de sucesso e as pessoas comuns.

Pessoas de sucesso possuem fé e atitude, possuem sua mentalidade voltada para crescer em tudo e investem tempo para aprender coisas que vão ajudar a alcançar seus objetivos. Elas estão dispostas a pagar o preço para atingir suas metas. Já as pessoas comuns possuem a mentalidade voltada para a sobrevivência e investem seu tempo em aprender coisas normais. Elas fazem o mesmo que a maioria: apenas vivem.

Empreendedores e executivos buscam qualificação e desenvolvimento profissional como base para gerirem e crescerem seus negócios, o CNPJ. Buscam também o desenvolvimento pessoal de diversas formas para fortalecerem o CPF. E, muitas vezes, esquecem-se de desenvolver a alma, a espiritualidade e a força interior.

Sempre falo isso para meus mais de 200 mil alunos e acredito que é algo muito pertinente neste momento: a motivação externa dura pouco. Ela não é consistente. Já a motivação interna, isto é, aquela que vem de algo maior e de dentro de cada um de nós, nos faz ser mais fortes, resilientes e perseverantes. Quando aliada ao afinco e à dedicação, nos possibilita conquistar nossos objetivos, realizar nossos sonhos e implementar projetos extraordinários.

Sendo assim, quero que saiba que, para *empreender com êxito*, é necessário *fé com atitudes diferentes* para conseguir *realizar*. É preciso também ter *conexões poderosas* e *relacionamentos genuínos* para *crescer* e *alavancar*. Essa é a diferença entre as pessoas comuns e os inquietos por natureza, pessoas idealizadoras, realizadoras e que utilizam essa fé com atitude porque sabem que não vivem sozinhos.

Muitos me perguntam como vejo a fé. Para mim, enquanto a fé é uma certeza inabalável, vejo a atitude como um sentimento interior que se expressa pelo comportamento exterior. É importante saber que sua atitude vem de sua personalidade, dos ambientes, de sua autoimagem, de fatos que ocorreram, dos ciclos de pessoas e de suas crenças e pensamentos. A soma de todos os seus pensamentos compreende sua atitude geral e as condições ditam o modo como pensamos e agimos. Já as nossas escolhas determinam o modo como vivemos.

Por isso e para que você entenda como fazer de sua atitude uma de suas melhores qualidades, apresentarei a seguir alguns passos e reflexões que você deve levar para o resto de sua vida.

Primeiros passos

1. Assuma a *responsabilidade* por sua *atitude*:
   A atitude não vem de fora, vem de dentro.

2. Avalie sua *atitude atual*:
   Você precisa mudar o que é um impedimento em você para que tenha uma atitude positiva. Identifique sentimentos e pensamentos problemáticos com relação a si mesmo e aos outros.

3. Assuma o *desejo de mudar*:
   O desejo de mudar é imprescindível para o crescimento em todas as áreas de sua vida.

4. Mude sua atitude *mudando seus pensamentos*:
   Aquilo que prende nossa atenção determina nossas ações.

Desta forma, temos que desenvolver habilidades em todas as áreas de nossa vida. São elas:

Habilidades

1. As habilidades técnicas (*hard skills*) podem ser aprendidas com facilidade por meio de workshops, cursos e treinamentos.

2. As habilidades interpessoais não técnicas (*soft skills*), ou seja, comportamentais e de competências, como criatividade, persuasão, colaboração, adaptabilidade e inteligência emocional, são importantes para criarmos *conexões poderosas* com *relacionamentos genuínos*.

3. Atitudes e habilidades pessoais que são responsáveis pela criação de motivação pessoal. Elas conduzem ao desenvolvimento da *fé com atitudes* (*deep skills*).

Controle seus pensamentos e tenha conexões poderosas

Entenda que só você pode controlar os seus pensamentos. Portanto, também controla os seus sentimentos e as suas atitudes. Por isso, desenvolva os pilares básicos para a construção de relacionamentos genuínos que vão levar você a conexões poderosas.

Talvez você não saiba, mas tudo começa com o interesse pelo próximo. E esse interesse é algo que não vemos com frequência em um mundo onde todos estão buscando algum tipo de vantagem financeira.

Para que tenha essas conexões poderosas, listei a seguir quatro passos.

1. Nutra relações de interesse verdadeiro por pessoas que gosta e gostaria de manter por perto para um bom relacionamento pessoal e profissional;
2. Desenvolva uma relação real com alguém, pautada no desejo de vê-lo bem. Conecte-se com pessoas que podem se beneficiar das trocas com você ou têm interesses comuns;
3. Tenha reciprocidade e desapego de resultados imediatos;
4. Compartilhe experiências e insights com o objetivo de ajudar as pessoas, sem esperar qualquer vantagem futura – seja a curto ou longo prazo.

Para que possamos seguir em direção ao fechamento do capítulo, quero contar para você que sempre me apresento de maneira bem simples. De modo humilde e sem vitimismo. Minha intenção é inspirar: "Eu era pobre, corno, deficiente físico e infértil, mas Deus e minha fé com atitude mudaram toda a minha história". Imagino que esteja dando gargalhadas e que não entendeu nada! Mas é isso mesmo. Eu era um empresário falido, com um casamento destruído em que fui traído, andava de bengala com um sério problema na coluna e ainda era infértil.

Hoje, quem me vê como um empresário próspero, com vários negócios, com uma saúde perfeita, bem-casado há mais de dez anos, futuro pai de uma linda bebê, com milhares de mentorados, mais de 200 mil alunos presenciais no Brasil, sócio em três negócios em que um deles é bilionário, sócio em outros negócios com empresários multimilionários e sócio de Roberto Shinyashiki, o mentor dos mentores, não imagina o que sofri por não ter uma fé inabalável, por agir com as atitudes erradas e sem bons relacionamentos.

Eu orava todos os dias. Buscava a Deus, pensava, refletia e desenvolvia uma *fé inabalável* e *atitudes corretas* que me levariam a ter *pensamentos positivos*. Esses, por sua vez, geravam *sentimentos positivos* que me faziam ter *atitudes positivas* que me faziam ter *escolhas positivas*. Era conduzido a *executar* as *ações certas* para colher *resultados positivos*, para ter uma *vida extraordinária* e muito *melhor*.

A atitude é uma escolha e podemos escolher diariamente o que queremos e faremos. Em momentos difíceis, com grandes desafios, saiba que a sua fé com atitude é, às vezes, a única diferença que o leva a prosseguir ou a desistir. Por isso, a fé inabalável e a atitude positiva são os elementos que separam os melhores do restante. Percebo que tudo isso faz diferença em muitos sentidos. Vamos ver sobre cada um deles?

1. Sua atitude *faz diferença* na sua maneira de *encarar a vida*:
   Mudando a atitude, muda-se o ponto de vista.

2. Sua atitude *faz diferença* em seus *relacionamentos pessoais*:
   Saber se relacionar é um dos ingredientes mais importantes na fórmula para o sucesso!

3. Sua atitude *faz diferença* em seu modo de *enfrentar os desafios*:
   Todo *desafio* tem uma *oportunidade*. E toda oportunidade tem um desafio!

4. Sua atitude *faz diferença* em *tudo*:
   A mente é um lugar em si mesma e pode fazer do inferno um céu e do próprio céu um inferno.

5. Desenvolva *bons hábitos*:
   Hábitos não são institutos, são ações ou reações que adquirimos ao longo do tempo. Temos que identificar a causa original que estimula um mau hábito para podermos mudá-lo.

6. Administre a sua *atitude diariamente*:
   Pessoas de sucesso tomam decisões certas logo pela manhã e administram essas decisões diariamente!

Com tudo isso em mente, quero que você construa hábitos positivos em sua vida diariamente e repita agora para você mesmo:

- Eu vou cultivar pensamentos positivos;
- Eu vou desenvolver hábitos positivos;
- Eu vou administrar minha atitude;
- Eu vou fazer de minha atitude minha maior qualidade;
- Eu vou me responsabilizar por minhas atitudes;
- Eu vou superar grandes obstáculos com minha atitude;

- Eu vou acreditar que minha fé com atitude mudará minha vida em todas as áreas!

Faça isso! Indecisões e o medo são as armas dos fracos, enquanto o sofrimento e a angústia são o preço. Seja o engenheiro e o arquiteto do seu futuro. Lembre-se de que as pessoas se tornam o que elas pensam e acreditam ser. A sua fé e atitude irão decidir se na vida você aceitará uma situação ruim sem fazer nada ou se terá uma fé inabalável e uma atitude positiva para vencê-la.

Quando estiver com medo, lembre-se de que "[...] Deus escolheu as coisas loucas do mundo para envergonhar os sábios, e escolheu as coisas fracas do mundo para envergonhar as fortes" (1 Coríntios 1:27). Fortaleça a sua fé: "[...] Certamente, como planejei, assim acontecerá, e, como pensei, assim será" (Isaías 14:24). Você é mais do que vencedor! Ainda que tudo queira dizer a você o contrário e você até mesmo se sinta triste ou derrotado em alguns momentos: "Mas em todas estas coisas somos mais que vencedores, por meio daquele que nos amou" (Romanos 8:37).

Deus veio para que as pessoas "[...] Tenham vida, e a tenham plenamente" (João 10:10). Tenha a certeza de que "[...] Olho nenhum viu, ouvido nenhum ouviu, mente nenhuma imaginou o que Deus preparou para aqueles que o amam" (1 Coríntios 2:9). Então "Consagre ao Senhor tudo o que você faz, e os seus planos serão bem-sucedidos" (Provérbios 16:3).

Construa relacionamentos genuínos e verá as conexões poderosas surgirem em sua vida. Deus fará as pessoas acharem graça de você para a abençoar, porque quando alguém tem graça, ele agrada e atrai outras pessoas por meio de suas palavras, de suas atitudes e da luz de Deus que brilha nele!

Por fim, para você que é um inquieto por natureza e deseja continuar desenvolvendo uma fé inabalável com atitudes extraordinárias para que possa aprender a fazer conexões poderosas criando relacionamentos genuínos para levar a sua vida pessoal e profissional para outro nível, quero que aponte agora a câmera do seu celular para o QR code ou utilize o link para acessar o *meu site*, que possui um *acesso exclusivo* a uma série de vídeos, e fazer parte de nossa comunidade Inquietos de Atitude e Fé Inabalável.

Preparamos um ambiente especial e on-line para que você possa testar o que aprendeu neste capítulo. Acesse o link a seguir e mergulhe em uma gamificação exclusiva dos inquietos por natureza.

http://bit.ly/inquietos23

CRIANDO O ACASO: O PODER DA AÇÃO, FÉ e INTENCIONALIDADE

24

Thiago Silva é filho do Rafael (*in memorian*) e da Adenilde, irmão do Bruno (*in memorian*) e casado com a arquiteta Rayssa Freire.

É formado em administração de empresas com pós-graduação em marketing e gestão pela Fundação Dom Cabral. Já foi executivo de multinacionais e grandes empresas como C&A e Grupo DPSP, passando pelas maiores operações de varejo do Brasil. Fundou seu primeiro negócio, quebrou e reergueu-se criando uma produtora de eventos no interior de Minas Gerais, que virou um case de mercado nacional. Nesse sentido, uma das marcas trabalhadas virou um documentário na GloboPlay chamado *Tardezinha*. Em 2019, vendeu a sua participação na sociedade realizando um *exit* da Badaladinha Produtora em que era sócio.

Após uma imersão de estudo e vivências no Vale do Silício em 2019, buscou unir suas paixões com educação, pessoas e tecnologia, associando-se a uma startup de jogos chamada MagiCash, que depois se transformou na TuTo Gamificação – Ecossistema de Educação, Gamificação e Engajamento, onde atua, hoje, como *co-founder* e diretor de operações. A TuTo tem o sonho grande de impactar e engajar um bilhão de pessoas por meio da gamificação e da tecnologia, ou seja, implementando experiências que usem a lógica de jogos para incentivar as pessoas a resolverem questões críticas no contexto do dia a dia pessoal e dos negócios e, assim, impulsionar a transformação positiva do mundo.

#VamosComTuTo
#GoStrongerOrGoHome
#TenhaFé

© Phillipe Guimarães

#BoraConstruir

THIAGO
SILVA

Chega de deixar que o acaso tome as decisões por você. Essa é uma das minhas maiores indignações e quero mostrar como você pode mudar a sua vida e os seus negócios a partir de decisões simples que precisam ser implementadas.

Sendo assim, entenda que, seja você empreendedor ou executivo, o ser humano tende a achar que o seu ciclo de convivência, amizades e trabalho é suficiente para alcançar os seus objetivos. Na realidade, ele não é.

Nesses casos, o sentimento mais comum é o de incapacidade para crescer, transbordar e para alcançar o extraordinário. É uma sensação constante de desânimo, de fraqueza, de incapacidade.

Quando criamos acasos em nossas vidas e quando somos inquietos por natureza, isto é, paramos de operar no modo piloto automático e tomamos as decisões que irão guiar os nossos próximos passos, expandimos, potencializamos, aceleramos e multiplicamos o nível de consciência e possibilidades infinitas vezes. Muitas pessoas chamam esse motor que cria acasos como sorte ou coincidência. Você conhece alguém que fala sobre isso?

Em outra análise, esse ato de criar acasos diz respeito, na realidade, ao princípio bíblico da semeadura. É ser intencional em uma ação genuína, lançar uma semente ao solo que você não sabe ainda o que e quando irá colher. Contudo tenha a certeza de que, primeiro você semeia, depois colhe. Quer um exemplo?

Imagine as seguintes situações: você vai a um evento e se conecta com pessoas diferentes; em outra ocasião, envia uma mensagem no direct do Instagram para contribuir com alguém de maneira genuína; você ajuda uma pessoa ao identificar o que ela precisa, mas sem esperar nada em troca. Essas situações são exemplos claros do que chamo de criar acasos. São movimentos que geram energia, oportunidades. **Você sabe quantas sementes existem dentro de uma maçã, mas não sabe quantas maçãs existem dentro de uma semente sem que faça o plantio dela.**

Na minha vida, existiram várias situações que criei o acaso e posso compartilhar duas com você: a primeira delas foi o momento em que me conectei com o Theo Braga e depois acabamos nos tornando sócios; e o segundo foi receber a benção pessoal do Papa Francisco no Vaticano em junho de 2023. Em ambos os casos, criei os acasos em minha vida e deu muito certo.

Mas voltando às minhas indignações, percebo que a falta de fé é um fator fundamental para que as pessoas não avancem. Elas desistem com muita facilidade de seus objetivos. A fé move montanhas! E essa frase é verdadeira independentemente de sua crença ou religião. Sabe por quê? **Ter fé, em primeiro lugar, significa acreditar mesmo sem tocar.** Primeiro visualizamos em pensamentos, depois tangibilizamos em ações. Ter fé é não desistir diante das dificuldades. É crescer na jornada da vida.

Por esse motivo, independentemente de qual for a situação, tenha fé que sempre haverá um novo dia, uma nova possibilidade. Acredite que tudo o que acontece tem como propósito o nosso crescimento e desenvolvimento.

Faz parte de um treinamento para algo ainda mais grandioso que virá se você não desistir, se tiver fé. A minha história é a prova viva de que ter fé e não desistir é um caminho único para viver o extraordinário. E sei que há ainda muitos acasos extraordinários para eu construir!

Desse modo, quando as pessoas não "criam acasos", limitam-se a viver em uma bolha, a levarem mais tempo para alcançar um resultado, a ter impacto relevante, para se conectarem com pessoas que as levarão para um nível superior ao que já estão. Criar o acaso é sobre se conectar com pessoas que possuem outras conexões que vão ajudar você na jornada. Inicialmente você não sabe como ou quando, mas é a certeza de que a semente está sendo plantada e germinada, para depois ser regada, e para que um fruto, no futuro – perto ou distante –, possa ser colhido.

Quando as pessoas não têm fé, elas desistem diante da primeira dificuldade, elas não se valorizam, sofrem um problema pequeno e acham que esse problema é maior do elas mesmas. Não conseguem enxergar um passo à frente porque deixam de acreditar em meio a uma simples dificuldade. **Quando uma pessoa passa a ter fé, ela não desiste, ela busca meios, busca pessoas, ela se movimenta, ela encara a situação com sabedoria, paciência e com a certeza de que aquilo é uma benção ou uma lição em sua jornada.**

Nós não somos somente a média das cinco pessoas que convivemos, mas também somos a média das cinco pessoas que seguimos nas redes sociais, que trocamos mais mensagens no WhatsApp, das cinco coisas que mais fazemos no nosso dia a dia (como orar, rezar, ter tempo de qualidade com a família, praticar esportes, ter tempo de lazer, ter tempo livre etc.) e das cinco coisas que contamos mais sobre a nossa vida. E tudo isso influencia diretamente nos nossos sonhos, na capacidade de acreditarmos em nós mesmos, em superar os desafios do dia a dia.

Não ter fé significa não acreditar no processo. É pensar que você foi escolhido para fracassar, para ser um coitado que não consegue finalizar algo que começou, que sua vida deve ser pior do que a dos outros. Seja na parte espiritual, seja com a família, seja no trabalho: não ter fé é desacreditar que somos únicos e tudo pode ser alcançado ou pode ser vivido se partirmos do princípio de imaginar que é possível.

Quando você cria um projeto, você o cria para dar certo ou errado? Para dar certo, é claro. Se isso é verdade, pense bem: você é um projeto de Deus, portanto, foi projetado para dar certo!

Pela minha experiência, percebo que muito da dificuldade em enxergar esse potencial em nós mesmo vem por termos sido criados em ambientes que promovem o comodismo. Somos cercados por pessoas que estão vivendo o básico, pessoas que não enxergam além do meio que vivem, fazendo com que permaneçam estáticas, paralisadas ou que levem muito mais tempo para alcançar o extraordinário. As pessoas têm vergonha de se expor, de se apresentarem para outra pessoa, de serem quem são de verdade. E acabam ficando paralisadas onde estão!

Quando se cria o acaso, é possível seguir em direção a patamares jamais alcançados pelo meio que vivemos. É possível se conectar com pessoas e propósitos que jamais sonhamos. Tudo isso começa com uma ação.

Outra causa muito frequente que vejo é o padrão preguiçoso, procrastinador e acomodado do ser humano. Somos e estamos o tempo inteiro cheios de desculpas. Não ter fé é ficar buscando sempre uma desculpa para não começar. É ficar dando ouvidos para quem nunca chegou lá ou vive uma vida mediana e não quer ver os outros prosperarem. Em outra análise, podemos dizer que as pessoas não têm fé porque não é algo que se cria do dia para a noite. É prática diária em oração, confiar em Deus, em se alimentar diariamente da palavra de Deus. E quando a dificuldade vier, saber que Ele morreu por nós e deixou o maior legado por meio da doação da sua vida.

Diante disso, o sucesso de criar o acaso consiste em estar se movimentando sempre, em não desistir, em ser humilde para pedir ajuda, em servir primeiro o próximo para depois ser servido e ser "cara de pau" para se aproximar de pessoas que podem levar você ao próximo nível.

É saber que dentro de você existem muitas sementes, mas você jamais saberá a quantidade de maçãs que elas poderão produzir se não as plantar em terreno fértil. Você jamais saberá o que pode sair de um novo relacionamento ou de um novo contato se não tiver a intenção de criar novos acasos, de se conectar com novas pessoas, novos propósitos e novas missões. Seja fazendo isso à distância como nas redes sociais, ou indo até eventos, participando de grupos de mentoria. É preciso estar em ambientes com pessoas melhores do que você. Isso o fará alcançar níveis de consciência e resultados jamais esperados.

O sucesso de ter fé é poder brilhar, escutar e não temer a dificuldade. É saber que, quando você é amigo de Deus, Deus apresenta a você os amigos dele. É saber que Deus usa o aparente fracasso para mostrar uma vitória do bem. É saber trabalhar como se tudo dependesse de nós. E, assim, confiar como se tudo dependesse de Deus.

Separei, portanto, algumas reflexões poderosas para que você possa criar o acaso em sua vida. Siga tudo o que colocarei a partir de agora e estará criando as oportunidades para a sua jornada.

Seja humilde: a base de tudo é a humildade. Para ouvir, servir, se conectar, ajudar, perguntar, doar e, a partir disso, criar o acaso com as pessoas. Frequente eventos dos mais diversos formatos, temas, mercados e busque sempre estar em constante aprendizado, seja um eterno *lifelong learner*.

Tenha atitude

Para criar o acaso, é preciso estar atento, ter atitude e não ter medo de arriscar. A semeadura é obrigatória sempre, e a colheita será consequência. Ser inquieto por natureza é estar sempre semeando, sempre batendo à porta, servindo ao próximo. É ser o primeiro interessado para depois ser interessante.

Seja genuíno

Para fazer isso, primeiro você deve sempre fazer algo de maneira genuína. Se você viu uma matéria sobre um tema que pode ajudar uma pessoa, envie para ela. Se pode fazer algo para ajudar uma pessoa a crescer, prosperar, sem ganhar nada em troca, ajude. Se pode falar uma palavra ou pode ouvir uma pessoa para ajudá-la, faça.

Evolua a sua fé

Para evoluir em fé, é preciso se intencionalizar nisso. Buscar a evolução e conexão espiritual a partir do que você acredita. Eliminar crenças limitantes e se abrir 100% para a conexão com Deus. É fazer diariamente um compromisso de fé ao acordar e meditar que seu dia será extraordinário. É profetizar palavras do bem, transbordar coisas boas mesmo que o momento não esteja tão favorável, ajudar e estar próximo do outro sem que ele peça.

Um navio não afunda de fora para dentro. Ele flutua sobre a água e afunda, sim, de dentro para fora, com água dentro dele. E nós somos assim também: **o que nos afunda é o que está em nossa cabeça, e não fora dela.**

Ter fé é seguir os mandamentos de Deus, é ter clareza das nossas prioridades: Deus, família, saúde e trabalho. A partir dessas prioridades, construirmos nossas vidas em rocha e não em areia, porque a tempestade virá, e devemos estar preparados não para afundarmos, mas sim passarmos fortalecidos por ela. Porque lembre-se: tudo passa e um novo dia sempre irá nascer.

Quando resolvi fazer a Jornada Anjo Investidor, em 2020, do João Kepler, não fui para aprender a ser um investidor, e sim para ouvir como empreendedor o que o maior investidor de startups gostaria de ouvir para conseguir captar um investimento.

Estava em busca de criar o acaso naquele novo ambiente. Os meus sócios, na época, não me apoiaram, mas, inquieto por natureza que sou, eu fui. Eu tinha certeza de que, a partir daquele curso, muitas sementes seriam lançadas ao solo e gerariam frutos em algum momento. E assim foi.

Após participar do curso, me conectei diretamente com o Theo Braga, coloquei intenção para estar próximo dele, enviando conteúdos sobre startups, sobre o interesse dele, e me disponibilizei para ajudá-lo nos eventos. Indiquei mais pessoas para o curso, convidei-o para tomar um café, almoçar, e fomos nos aproximando. Após alguns contatos feitos e sempre o atualizando sobre a minha startup, ele disse que queria investir na TuTo. Virou nosso anjo investidor e, a partir dali, a TuTo decolou. Ele fez diversas conexões, abriu várias portas, acompanha de perto o negócio e sempre nos ajuda a ir além.

Quando perdi meu irmão, eu tinha 17 e ele 20 anos, a vida da nossa família virou de cabeça para baixo. Foi quando decidi buscar uma amizade íntima com Deus. Passei a frequentar mais a missa, rezar mais vezes durante o dia, estar mais próximo dos meus pais, falar mais de Deus para as pessoas, não ter vergonha de expressar minha fé diante do próximo. Isso fez com que eu fortalecesse minhas raízes de fé para que, nos momentos de dificuldade, e eles sempre vão existir, eu pudesse enxergar os problemas menores do que eu, como eles realmente são, e saber que a salvação de quem é justo vem de Deus.

E saiba que não sou eu quem está dizendo. É científico: um corpo estático não produz energia; o movimento, sim, gera energia. Já a energia gera oportunidades e cria os acasos. **Ficar parado não vai levar você a lugar algum, mas o movimento pode levar você a lugares extraordinários.**

Antigamente, acreditava-se que a terra era plana e muitas pessoas não realizaram seus sonhos, expedições deixaram de ser feitas por causa dessa crença. Com os fatos da época, achavam que, depois de certo ponto, existiria um fim para o planeta Terra, um precipício. Imagine quantos dos sonhos, oportunidades, acasos estavam sendo deixados de lado por causa das crenças limitantes. Assim pode estar acontecendo com você: será que as suas crenças, o orgulho, o medo e a falta de humildade não estão impedindo você de crescer e evoluir? **Emoções são passageiras e decisões são permanentes.**

Por isso, a fé é importante porque, em alguns momentos, não temos o que queremos porque não sabemos pedir a Deus. A intimidade com Deus nos faz aprender a pedir, confiar, fazer a nossa parte e aguardar que tudo dará certo. Toda guerra interior rouba os nossos resultados exteriores. E a maioria das coisas que ainda não temos é porque não pedimos.

Sendo assim, questione-se sempre: estou no caminho? Estou me movimentando? Estou criando o acaso? Só não perde quem não joga. A fonte do crescimento é o questionamento.

Então não espere as coisas estarem perfeitas para começar, comece e vá ajustando a rota e aprendendo ao longo da jornada. A melhor estratégia é a humildade, ela é a mãe da sabedoria. Fé, coragem e sorte talvez sejam as três coisas mais importantes para se contar em uma jornada dessas. Mas sem fé e coragem você não dá nem chance para a sorte. A dor do processo é temporária. Já a dor de desistir sem tentar é para sempre!

Não basta estar no lugar certo, na hora certa. Você tem que ser a pessoa certa, no lugar certo, na hora certa. A vida não tem replay. Você semeia primeiro e colhe depois. E lembre-se de que não tem como colher se você não tiver semeado. Os que são confiados com o muito são aqueles que são fiéis no pouco.

Mesmo que você esteja chorando enquanto espalha a sua semente, suas lágrimas se transformarão em alegria quando você olhar a colheita. No reino de Deus, bem como no natural, a colheita é sempre mais abundante do que a plantação. Um grão de milho nunca vai render apenas outro grão, ele tem potencial para gerar dezenas de espigas, cada uma com uma média de trezentos grãos. "Pode a dor uma noite durar. Mas um novo dia sempre vai raiar. E quando menos esperar, clareou." Por isso, tenha fé!

Se você cria projetos para que eles deem certo, lembre-se de que você é um projeto de Deus e foi projetado para que tivesse felicidade e sucesso. Vamos juntos e #VamosComTuTo!

Preparamos um ambiente especial e on-line para que você possa testar o que aprendeu neste capítulo. Acesse o link a seguir e mergulhe em uma gamificação exclusiva dos inquietos por natureza.

http://bit.ly/inquietos24

25

SONHE ALTO e sempre PENSe GRANDE

Ex-presidente da Bayer Polímeros S.A. e, simultaneamente, diretor geral América Latina para a Divisão de Plásticos de Engenharia do Grupo Bayer, **Theunis Marinho** é coach e mentor para C-levels e conselheiro de administração certificado pelo IBGC.

Theunis tem formações de coaching no Integrated Coaching Institut (ICI) e no Erickson College (Canadá). É membro associado do International Coach Federation (ICF) e, atualmente, do conselho consultivo do Centro Integração Empresa Escola (CIEE) e da Rede Cidadã.

Em 2016, publicou o livro *Sonhar alto, pensar grande: Lições de um brasileiro que enfrentou os obstáculos e tornou-se presidente de uma multinacional*, também pela Gente, transformando-se em autor best-seller.

THEUNIS MARINHO

Acredito que estamos de passagem por aqui para que possamos ser felizes. É uma pequena frase que reflete uma visão muito individual, mas que é representativa e tem uma amplitude incrível.

Um dos critérios fundamentais para que possamos ser felizes é sentirmos que estamos sempre conhecendo e superando nossos limites ao longo de cada etapa da nossa vida. Percebo que as pessoas são mais felizes quando testam, aprimoram e utilizam suas aptidões para desenvolverem e praticarem suas vocações e seus propósitos.

É preciso persistir na realização e execução dos seus melhores sonhos. É necessário focar, pensar concreto, realizar cada passo e não desistir nas primeiras quedas que sempre fazem parte do jogo. Não podemos ficar esperando a sorte chegar. É preciso ir para cima e fazer acontecer porque o caminho para o sucesso é longo e não passa pela loteria.

Ao colocar isso em prática, você, ao longo do tempo, se transformará no melhor que consegue ser, dando o seu máximo, sendo o melhor em sua área de atuação. É você quem constrói o seu sucesso e ele é feito a partir do momento que você começa a colocar "tijolinho sobre tijolinho", fazendo o que gosta e combina com as suas aptidões. Então, não perca tempo culpando terceiros por aquilo que hoje lhe traz infelicidade, isso é destrutivo para você. Seja o responsável por si mesmo e não fique lamentando sobre o passado, culpando os seus pais ou os outros pelo que pode ter acontecido. O que aconteceu é imutável! Mas o futuro é promissor e a responsabilidade pelo sucesso dele é só sua.

Nesse caminho, você deve escolher as pessoas certas para se relacionar e crescer. As amizades são fundamentais. Não somos nada sem os nossos amigos, e essas amizades falam sobre dar e receber. Em outras palavras, para ser um campeão é preciso lutar e pensar sempre como tal. Ser um agregador nas pequenas e grandes coisas. Até porque a vida não é um esporte individual, mas, sim, coletivo.

Caso caia, gaste o seu tempo para se levantar e se recuperar. E lembre-se de que os seus olhos não ficam na nuca e seus pés não andam para trás. Então nada de marcha à ré, combinado? Se for preciso, reinvente-se. Lance um novo modelo de si mesmo a cada ano. Isso nunca sairá de moda! E cultive a curiosidade: estude tudo o que interessa a você com profundidade. Afinal, seu maior patrimônio é o seu nome.

O poder está em suas mãos

Acredito que todo ser humano nasce bom para alguma coisa e que, por meio do desenvolvimento e utilização prática de suas aptidões, pode encontrar a realização e o sentimento de utilidade e propósito.

Não são poucas as pessoas que têm condições bastante satisfatórias para realizar os seus melhores sonhos. Mas a verdade é que, infelizmente, muitas delas ainda acreditam em contos de fada. Acreditam que vão ganhar na loteria, que vão fazer fortuna a partir da sorte.

O grande aliado, mas também inimigo das pessoas, é o tempo e a sua distribuição adequada para alcançar, de maneira equilibrada e saudável, a realização sustentável dos sonhos de vida pessoal, espiritual, profissional, econômica e social. É preciso trabalhar sempre cultivando o princípio de fazer o bem, pois nossos piores erros são aqueles que prejudicam o próximo, principalmente aqueles que são indefesos.

Desse modo, percebo que, durante a nossa existência, vivemos e convivemos com fatores e/ou situações sobre as quais podemos ter influência direta, indireta ou, ainda, nenhum poder (ou mínimo) de ação ou direcionamento. Por exemplo, na infância, o protagonismo dos nossos pais é decisivo e traz reflexos para toda a nossa existência. Ele reflete, inclusive, em como desenvolvemos nossas aptidões e qualidades.

Acredito muito que precisamos estar sempre direcionados para a busca com determinação do que queremos e superar os desafios a partir do que acreditamos ser capazes. É preciso entender que sempre podemos ultrapassar o que acreditamos ser os nossos limites para sermos campeões.

Tenho algumas frases que acredito serem muito poderosas e quero trazer aqui para que você possa refletir sobre elas em sua vida. São aforismos de minha autoria e que funcionam muito bem com tudo o que estamos conversando até agora.

1. Os grandes desafios das nossas vidas, quando bem resolvidos, transformam-se em "experiências". Quando mal resolvidos, podem se transformar em traumas;
2. Se você chegar ao pódio, parabéns! Se não chegar, mas tiver a certeza de que deu o seu máximo, fique feliz também. Você cumpriu a sua missão e, por isso, é um campeão;
3. Ninguém é dono, sozinho, do próprio sucesso;
4. Você precisa ser sempre melhor do que você mesmo. Em outras palavras, é preciso lutar para ir além do que você pensa ser capaz;
5. O sucesso de uma pessoa não se mede apenas por aonde ela "chegou", mas sim por de onde ela partiu;
6. Sucesso é a arte de nunca parar de aprender e aplicar o seu aprendizado;
7. O seu juiz mais rigoroso é a sua consciência;
8. Se a experiência vale para alguma coisa, o mais experiente é quem deve se adaptar às novas gerações;
9. Não lutar pelo que quer é morrer em vida.

O que você sentiu ao ler essas reflexões? Identificou a sua vida e a sua trajetória em algum momento? Todas essas frases regem a minha existência e carrego-as comigo para que possa sempre me aprimorar e avançar.

Sendo assim, percebo que na vida e, principalmente, nos ambientes competitivos do mundo corporativo, para atingirmos os nossos objetivos, sermos resilientes e não perdermos o foco, é preciso cuidar de três mandamentos. São eles:

Primeiro mandamento: Perdão

Perdoe quem já magoou você! Ao fazer isso, você "desocupará espaços" no seu coração para que possa preenchê-los com coisas boas. Nós também ganhamos quando perdoamos.

Segundo mandamento: Foque os seus objetivos

Os ambientes de trabalho, em todas as profissões e atividades, são competitivos e estão sujeitos a momentos de tensão. Por isso, nessas situações, tente relembrar, sempre que possível, em focar a sua energia no atingimento dos seus objetivos maiores. Isso é fundamental!

Terceiro mandamento: Estude sempre!

Não há idade para pararmos de estudar nem para pararmos de aprender. Procure se desenvolver e correr atrás do seu crescimento. Essa atitude é primordial nos tempos que vivemos e garantirá a sua felicidade e sucesso em todas as áreas da sua vida.

No início da minha carreira profissional e em uma das minhas primeiras estadias para um estágio na Bayer AG – Alemanha, trabalhei dividindo uma sala com dois colegas. Sentávamos em três mesas coladas e estávamos muito próximos um do outro. Um deles fazia o papel de meu apoiador/tutor e era muito gentil e paciente comigo.

Em uma de nossas conversas profissionais, sempre em alemão, ele mencionou uma palavra que eu desconhecia: *grundlage*. Quando tentou, sem sucesso, explicar-me o significado da palavra, o outro colega do lado, que tinha pouco a ver conosco, virou-se e perguntou: "O senhor não sabe o que significa *grundlage*?". E eu, feliz por esperar que aquilo fosse uma ajuda, respondi: "Não sei!". Ele retrucou: "Fico me perguntando o que faz uma pessoa trabalhar aqui na Alemanha se ela nem alemão direito fala".

Fui para casa triste e fiquei pensando: *o que estou fazendo neste país hostil com os estrangeiros?* No dia seguinte, dei a ele uma resposta mesmo que sem palavras: fiz a assinatura, por um ano, de um jornal local de grande circulação e decidi que, além de estar fazendo o meu curso de alemão todos os dias, durante o primeiro ano da assinatura do jornal eu escolheria um artigo do meu interesse para que pudesse ler com o dicionário ao lado.

Meu objetivo era decorar as primeiras dez palavras que não soubesse o significado. Parece pouco ao olharmos de modo isolado, mas quando somado, são 3.650 novas palavras em um ano de assinatura, as quais me ajudariam muito a acelerar meu aprendizado e domínio do vocabulário da nova língua.

Sendo assim, quero reforçar que, aquela que poderia ter sido a frase que me desmotivaria e me direcionaria para desistir, foi na realidade o motor que impulsionou a minha mudança de mentalidade. Você não pode imaginar como essa pessoa foi útil para mim.

Quer saber uma curiosidade sobre essa história? Essa atitude se transformou em um hábito e acabei virando matéria de uma entrevista de página inteira ao lado do nosso presidente mundial como um estrangeiro que tinha dado certo no programa de *job rotation* que o presidente havia criado mundialmente. Continuei fazendo minha carreira nessa empresa incrível.

Já a pessoa mencionada continuou fazendo o mesmo trabalho, na mesma sala, mesa e cadeira. Verdadeiramente, ele não era uma pessoa ruim, mas foi infeliz em uma fala que pronunciou sem pensar e, por isso, ajudou no meu domínio do alemão.

Em meu livro publicado, *Sonhar alto, pensar grande: Lições de um brasileiro que enfrentou os obstáculos e tornou-se presidente de uma multinacional*, eu conto sobre essa e tantas outras histórias que fizeram parte da minha trajetória ao longo dos anos. Minha sugestão é que você faça a leitura, pois tenho certeza de que tirará muitos aprendizados dali.

Sendo assim, para fecharmos, quero que você treine a sua visão de longo prazo e saiba que a sorte nos foi dada em nosso nascimento. Quero também que guarde a importância de estudar até o fim de sua vida para que possa continuar se desenvolvendo e evoluindo. Sempre trate bem as pessoas, principalmente as mais humildes. Esse é um princípio fundamental e o carrego sempre comigo.

Sonhe alto e faça planos inspiradores para o seu futuro, independentemente da sua idade. O futuro sempre nos aguarda!

Preparamos um ambiente especial e on-line para que você possa testar o que aprendeu neste capítulo. Acesse o link a seguir e mergulhe em uma gamificação exclusiva dos inquietos por natureza.

http://bit.ly/inquietos25

conclusão

Caro leitor, você está prestes a virar a última página que separa a teoria da ação. Você está prestes a concluir esta jornada e eu não poderia estar mais feliz pelo caminho que trilhamos juntos.

Ao longo dos capítulos, você conheceu autores, absorveu conhecimento e enriqueceu o seu repertório. Com isso, você pôde também aprimorar as suas habilidades para que possa aplicar em seus negócios e em sua vida. Espero que se sinta repleto de insights e com ideias prontas para serem aplicadas em sua empresa, mas vale reforçar que sei que nem tudo se encaixará perfeitamente à sua realidade.

Nem tudo o que leu fará sentido. E está tudo bem! Porém, algo que leu poderá ser aplicado a partir de amanhã. Outras ferramentas precisarão ser aprimoradas de acordo com as especificidades do seu negócio. E em muitos outros capítulos tenho certeza de que a sensação foi de que nem sabia que existia esse caminho e essa possibilidade. É justamente essa diversidade de perspectivas que faz essa jornada tão valiosa.

Assim, se pudesse deixar um conselho, seria: comece fazendo o básico. Ou então *back to the basic*, isto é, faça o básico e vá aprimorando. Isso é muito importante! Não queira aplicar tudo de uma vez, então comece pela base, vá implementando, validando e aplicando aos poucos. Essa será a receita que levará a sua vida e o seu negócio à prosperidade. Essa é a receita de todos os inquietos por natureza que conheço.

Ao fechar este livro, veja como o *day one* de uma jornada muito maior. Aquela em que você será fonte de inspiração e conhecimento, de aprendizado contínuo e mudança que transforma os negócios.

Muito obrigado por ter partilhado conosco tantos momentos. Obrigado por ter chegado até aqui e ter colocado em primeiro lugar a transformação que você espera ver em seu negócio. Mal posso esperar para ver tudo o que você mudará a partir de agora.

Desejo muito sucesso em sua jornada de crescimento. E leve sempre com você essa mente inquieta que desenvolveu aqui! Aplique, desenvolva e alcance. Até a próxima!

Com gratidão,

JOÃO KEPLER